『十三五』国家重点出版物

『[illegible]三农』系列丛书

国之根基

——『大国三农』总论

朱信凯 等◎编著

中国农业出版社
北　京

图书在版编目（CIP）数据

国之根基：“大国三农”总论 / 朱信凯等编著. —
北京：中国农业出版社，2019.10
（“大国三农”系列丛书）
“十三五”国家重点出版物
ISBN 978-7-109-25760-3

Ⅰ. ①国… Ⅱ. ①朱… Ⅲ. ①三农问题—研究—中国
Ⅳ. ①F32

中国版本图书馆CIP数据核字（2019）第158331号

国之根基——“大国三农”总论
GUO ZHI GENJI——“DAGUO SANNONG” ZONGLUN

中国农业出版社出版
地址：北京市朝阳区麦子店街18号楼
邮编：100125
责任编辑：武旭峰　徐芳　　　责任校对：沙凯霖
版式设计：北京八度出版服务机构
印刷：北京通州皇家印刷厂
版次：2019年10月第1版
印次：2019年10月北京第1次印刷
发行：新华书店北京发行所
开本：700mm×1000mm　1/16
印张：12
字数：170千字
定价：68.00元

序

FOREWORD

信凯同志托我为他担任总主编的"'大国三农'系列丛书"作序，翻阅书稿后，欣然提笔，因为这套丛书从立意到内容都打动了我。

大国三农，这个丛书名字气势磅礴，说明策划编写立意高远。"农者，天下之本也。"重农固本是安民之基、治国之要。"三农"问题不仅事关人民群众的切身利益，同时也关系到社会的安定和整个国民经济的发展。正如习近平总书记指出："我国13亿多张嘴要吃饭，不吃饭就不能生存，悠悠万事，吃饭为大。"他还强调："我国是个人口众多的大国，解决好吃饭问题始终是治国理政的头等大事。"

新中国成立70年，尤其是改革开放以来，我国的"三农"事业发展取得了举世瞩目的成就。全国粮食总产量接连跨上新台阶，特别是近五年来，我国粮食连年丰收，产量已稳定在1.2万亿斤以上，解决了13亿人的温饱问题；肉类人均占有量已超过世界平均水平，禽蛋达到了发达国家水平，"吃肉等过节"已经成为历史；农村贫困人口持续减少，2018年贫困发生率下降到了1.7%；农业现代化水平大幅提高，农业科技进步贡献率达到56.65%，靠天吃饭逐渐成为历史……

但是，我们也应该清晰地看到，我国农业的基础仍然比较脆弱，正如习近平总书记强调："一定要看到，农业还是'四化同步'的短腿，农村还是全面建成小康社会的短板。"在大国小农的背景下，如何让农业成为有奔头的产业，让农民成为有吸引力的职业，让农村成为安居乐业的美丽家园，这套丛书给出了清晰的答案：乡村振兴战略为农业农村的未来发展描绘了宏伟而美好的蓝图；把饭碗牢牢端在自己手上，保障国家粮食安全；加强从田间到餐桌的风险治理，确保舌尖上的安全；培育壮大新型农业经营主体，解决未来谁种地的问题；建设美丽乡村，改善农村人居环境；给农业插上科技的翅膀，用科技创新驱动农业现代化；培育新产业、新业态与新机制，为农业农村发展提供新动能。

以信凯同志为首的丛书作者都是高等院校的中青年专家，有着丰富的研究功底和实践经验，对丛书内容的把握深浅得当，既有较强的理论性，也有丰富的实践性；表达叙述做到了用浅显易懂的语言把复杂问题讲清楚；图说、数说、声音、案例等多种多样的辅助性材料使得内容鲜活生动，避免了枯燥的说教。整套丛书对我国农业农村的整体情况进行了全景式展现，尤其是对党的十八大以来农业农村发展的新成就进行了总结，对"三农"事业的未来发展做出了前瞻性展望。

毫不夸张地说，现在的农业早已不是过去的样子了，从事农业工作再也不是"面朝黄土背朝天"了，农业是最有发展前景的行业，未来的发展方向是机械化、信息化、智能化，甚至要艺术化。现在的年轻人，尤其是学习农业专业的青年学生们，一定要了解我国农业农村的现状和未来，树立自信，从事农业不仅大有可为，而且是大有作为；一定要打心底里懂农业、爱农业，志存高远，为国家和社会的发展和进步奋斗，这样的人生才有意义。

民以食为天，食以稻为主。从而立至耄耋，我为水稻育种事业和人类温饱问题奋斗了几十年，无怨无悔，矢志不渝。我有两个梦：一个是禾下乘凉梦，梦想试验田里的超级杂交稻长得有高粱那么高、稻穗有扫把那么长、谷粒有花生米那么大，我坐在禾下悠闲地纳凉；另一个是杂交稻覆盖全球梦，希望全世界不再有饥荒，人类不用再忍受饥饿。

我始终坚信，在党和国家的高度重视和坚强领导下，充分发挥社会主义制度优势，不断激发“三农”工作者的积极性、创造性和主动性，通过汇集全社会的磅礴力量，农业强、农村美、农民富的壮美图景必将早日实现。

实现“中国梦”，基础在“三农”。

谨以为序。

袁隆平

2019年5月

前 言

PREFACE

务农重本，国之大纲。中国自古以来就是农业大国，中国的农业滋养着世界上最多的人口，并孕育出五千年灿烂的华夏文明。“食为人天，农为正本”，作为人类社会的“母亲产业”，农业不仅是人类的衣食之源、生存之本，同时亦是一切其他部门生产的必要条件。党的十八大以来，在党和政府的坚强领导下，我国“三农”工作行稳致远，取得历史性巨大成就。习近平总书记更是高瞻远瞩，从世情、国情、农情出发，以宏大深远的战略眼光，就如何改造传统农业、深化农村改革、全面振兴乡村等提出了一系列战略性、前瞻性、创造性的目标和要求。

为深入贯彻落实党的十九大精神，推动习近平关于“三农”论述进院校、进主体，进一步揭示我国农业、农村、农民的基本制度底色，讲好中国“三农”故事，我们在深入实际调查与长期学术研究积累的基础上，用九个部分较为系统地论述了中国特色的农业大国之路。具体通过各章系统剖析农业大国之路的各个重要路径，总结改革开放以来农业农村发展的成功经验，细致讲述大众所关心的重点、热点、难点话题，并立足于党的十九大精神，展望未来农业、农村、农民的美好图景。

第一部分是“大国三农”的总论。这一章系统剖析习近平关于“三农”工作的重要论述，以重视和重申农业基础性地位为前提，着重强调坚持和完善农业基本经营制度的重要性，并认为确保中国农业和农村改革的社会主义方向是“大国三农”的主心轴。该部分是全书的逻辑起点，是“大国三农”的总路标。

第二部分是乡村振兴战略。主要阐释乡村振兴战略是以习近平同志为核心的党中央着眼党和国家事业全局，深刻把握现代化建设规律和城乡关系变化特征，顺应亿万农民对美好生活的向往，对“三农”工作做出的重大决策部署。重点围绕“什么是乡村振兴”“怎样推进乡村振兴”“推进乡村振兴的意义”三个部分来刻画乡村振兴之路。

第三部分是城乡融合发展之路。重点讲述破解城乡二元症结的关键路径就是走城乡融合发展之路。要着力消灭城乡之间的主次和分割关系，破除体制机制弊端、打破城乡融合壁垒，努力实现城乡各有特色、各具功能，但相互依赖需求，共存共荣的新型城乡融合发展之路。

第四部分是共同富裕之路。共同富裕是中国特色社会主义的根本原则，要坚持社会主义基本经济制度和分配制度，要深化农村土地制度改革、推进农村集体产权制度改革、完善农业支持保护制度，并在此基础上，促进劳动力转移就业，多渠道增加农民收入。

第五部分是质量兴农之路。我国农业综合生产在量的方面已满足，现阶段须从质的方面去提升。该部分重点围绕“推动农业供给侧结构性改革”“夯实农业生产能力基础”“推动农村‘三产’融合发展”“推进现代农业稳步发展”四个方面论述了质量兴农。

第六部分是乡村绿色发展之路。环境就是民生，青山就是美丽，蓝天就是幸福。该部分围绕乡村绿色发展主线，从绿色是乡村发展的“底色”、乡村绿色发展的“底气”、乡村绿色发展的“脚步”、走好乡村绿色发展之路四个侧面描绘了乡村绿色振兴之路。

第七部分是乡村文化兴盛之路。乡村振兴本质上是中华文明的振兴，是中华农耕文明的再延续。在人类发展的历史长河中，中华民族延绵永续的根基力量就是来源于农耕文明的生生不息。新时期，乡村文化兴盛之路，必须追本溯源，寻根于农耕文明，从农耕文明中汲取文化兴盛的养料，为文化持久兴盛注入不竭动力。

第八部分是乡村善治之路。农村治，天下兴。乡村善治是乡村振兴的必然遵循，乡村善治的过程中必须要注重政府与村民两大主体，在此基础上，积极构建中国特色社会主义乡村治理体系，将自治、法治、德治三者融合，进而助推全面小康社会的建设与实现。

第九部分是中国特色减贫之路。改革开放以来，中国人民积极探索、顽强奋斗，走出了一条中国特色减贫道路。这部分首先论述党的十八大以来中国反贫困的探索路径，其次从经济、生态、文教三个维度剖析了反贫困的中国经验，最后对中国反贫困成效进行归纳与总结。

本书是全体编写组成员共同劳动的成果，编写组前前后后开了十几次讨论会，花了半年时间对全部书稿进行修改、完善和校对，并对部分内容进行了重写。全书由朱信凯教授主持、策划、审定，提出撰写框架、组织撰写、审定统稿。全书共分为九章，第一轮初稿撰写分工如下：第一章、第九章（李南），第二章（彭楚乔），第三章（林龙飞），第四章（朱颖），第五章、第七章（谢琛琪），第六章、第八章（潘薇薇）。第二轮修改核对分工如下：第一章、第二章、第九章（杨晓婷），第四章、第五章、第六章（熊自洁），第三章、第七章、第八章（林龙飞）。非常感谢为本书付梓做出努力的老师和同学们。

我们要感谢农业农村部与中国人民大学的相关审读专家，他们对书稿逐字逐句地进行了审读，提出了大量的宝贵意见与建议，使得书稿的质量大为提升。我们还要感谢中国农业出版社对本书撰写与出版过程中提供的帮助，他们做了大量修编工作，正是他们的认真付出才使得本书顺利出版。同时，需要指出的是，在本书撰写过程中，当引用他人的观点或研究成果时，我们力图做到引文准确无误，但由于时间和人员有限，依旧可能存在些许遗漏，在此我们表示歉意并恳请指正！

本书在撰写思考和行文的过程中，难免存在浅陋之处，敬请各位专家、读者批评指正！

编著者

2018年12月

目 录

CONTENTS

9 中国特色减贫之路

1 新时期“三农”发展指导思想总论

当前，中国特色社会主义进入新时代，中华民族迎来了从站起来、富起来到强起来的伟大飞跃。在决胜全面建成小康社会、进而全面建设社会主义现代化强国的关键时期，党的十九大首次提出乡村振兴的伟大战略，这无疑是十八大以来实践经验的总结和指导思想的升华。党的十八大以来，习近平总书记将马克思主义基本原理与中国农业和农村发展的实践经验相结合，形成了一系列关于农业与农村发展的重要论述和理论成果。习近平关于“三农”工作的重要论述，以重视和重申农业基础性地位为前提，强调坚持和完善农业基本经营制度，确保中国农业和农村改革的社会主义方向；强调发展生产力，推进农业供给侧结构性改革，实现农业现代化；强调推进农业市场化改革与更好发挥政府作用相结合，实现资源的合理优化配置，推进城乡一体化发展。习近平关于“三农”工作的重要论述，是中国特色社会主义政治经济学在农业与农村发展领域的具体运用和重要组成部分，充分体现了中国特色社会主义政治经济学的重大原则。

1.1 在新时代，重申农业的基础性地位

“百业农为先，农兴百业兴，世界各国皆通此理。”农业，是一个集技术、

经济、政治和国家安全于一体，伴随和支撑着整个人类进化史，并随着社会发展和进步越来越表现为多功能性的永恒的魅力产业。新中国成立初期，农业接受社会主义改造实现农业合作化，为社会主义工业化提供了重要支持。改革开放以后，中国农业实现了快速发展，为中国经济的腾飞夯实了基础。党和政府始终把农业和农村问题作为治国理政的“重中之重”。改革之初，连续五年（1982—1986年）的中央一号文件均以农业改革为主题；进入新世纪以来，中央一号文件又连续16年（2004—2019年）聚焦“三农”，均彰显了农业的重要地位。

随着产业结构变迁，特别是科技发展带动非农产业更快发展，我国农业在经济中的比重持续下降。从增加值占比来看，2016年第一产业增加值占国内生产总值（GDP）的比重已经由1982年的32.8%下降到8.6%，中国已经进入农业占比10%以下的新阶段。从就业人数占比来看，2016年第一产业就业人数占比也由1978年的70.5%降至27.7%。[①]这一变迁，本是中国产业结构升级以及农业现代化、农村城镇化、农民职业化的必然结果，但却引起了不少人对

① 资料来源：国家统计局，《中国统计年鉴2016》，中国统计出版社，2017年。

农业与农村发展的消极观望。有人认为，农业与其他产业相比，具有经济效益低、回报周期长、经营风险大的劣势，农业将随产业结构升级而持续萎靡；工业化、城镇化的不断推进，将使农村日益落后凋敝并逐渐消失；小农经济缺乏竞争力，甚至小农就是应该被消灭的对象。也就是说，农业与农村应该为现代化发展让步，农产品可依靠国际市场供应，而农民尤其是小农可有可无。对此必须明确，否定农业基础性定位、忽视农村发展重要性的看法，既不符合经济发展的实际，也不符合当前的世情、国情、党情。

农业的基础性地位，重点体现在它是保障粮食安全和国家安全的根本，如果农产品过度依赖国际市场是十分危险的。对此，习近平总书记于2016年5月在黑龙江考察时指出，粮食安全是国家安全的重要基础，要创新粮食生产经营模式，优化生产技术措施，落实各项扶持政策，保护农民种粮积极性，着力提高粮食生产效益。要坚持“以我为主、立足国内、确保产能、适度进口、科技支撑”的原则，保证粮食等农产品的自给率，粮食生产不可能完全依靠市场、交予他国。这是在新的历史时期，对于粮食安全和农业基础性地位的再一次重申。

1.2 坚持和完善农村基本经营制度，确保改革的社会主义方向

坚持和完善农村基本经营制度，是实现中国农业现代化的根本保障。2016年4月习近平总书记在安徽省凤阳县小岗村召开农村改革座谈会时强调，新形势下深化农村改革，主线仍然是处理好农民和土地的关系。最大的政策就是必须坚持和完善农村基本经营制度，坚持农村土地集体所有，坚持家庭经营基础性地位，坚持稳定土地承包关系。要抓紧落实土地承包经营权登记制度，真正让农民吃上“定心丸”。

坚持农村基本经营制度，一方面，要坚持集体经济下以家庭承包经营为基

础、统分结合的双层经营体制；另一方面，要创新实践“三权分置”，促进土地要素有效流转，实现经营形式多元化。

习近平总书记曾指出，不管怎么改，不能把农村土地集体所有制改垮了，不能把耕地改少了，不能把粮食产量改下去了，不能把农民利益损害了。农村基本经营制度的改革主要围绕土地权利归属问题展开，其本质是对社会主义集体所有制不同实现形式的积极探索。1982年起我国实行多种形式社会主义集体经济的生产责任制；1984年继续完善了家庭联产承包责任制；1987年进一步完善双层经营体制；1993年实现多种形式合作经济并存，即社会主义劳动群众集体所有制经济；2013年在坚持和完善最严格的耕地保护制度前提下，赋予农民对承包地占有、使用、收益、流转及承包经营权、抵押担保权，允许农民以承包经营权入股开展农业产业化经营。

随着我国农业与农村的发展，小农和小规模经营的生产经营方式逐渐表现出其效率上的局限性，必须进一步探索有效的农业经营方式。“三权分置”是继家庭联产承包责任制后对农村基本经营制度的进一步完善和创新，是盘活农村土地要素、提高农民积极性的重要举措，也是实现农业现代化的制度保障。

2013年中央一号文件指出，改革农村集体产权制度，有效保障农民财产权利，建立归属清晰、权能完整、流转顺畅、保护严格的农村集体产权制度，是激发农业农村发展活力的内在要求。2014年中央一号文件强调在落实农村土地集体所有权的基础上，稳定农户承包权、放活土地经营权，允许承包土地的经营权向金融机构抵押融资。在此基础上，2016年中央一号文件强调完善“三权分置”办法，依法推进土地经营权有序流转，鼓励和引导农户自愿互换承包地块实现连片耕种。此外，党的十八届三中全会指出，国家鼓励承包经营权在公开市场上向专业大户、家庭农场、农民合作社、农业企业流转，发展多种形式规模经营，进一步为农村土地流转指明了方向。“三权分置”制度在坚持社会主义土地集体所有的前提下，细化土地权利束、促进土地流转、盘活农村土地资源，促使多种形式的经营主体并存，极大地丰富和完善了农村基本经营制度的内涵。

全面完成土地承包经营权确权登记颁证工作，完善农村承包地“三权分置”制度，在依法保护集体所有权和农户承包权前提下，平等保护土地经营权①。基于此，应进一步探求和创新准确的法律解释，必须明确农村可以从事农业经营的土地，其经营权不能与使用权简单画等号，也不应当止步于债权；必须明确土地经营权并不是原来农户承包经营权的简单分割，而是由承包权这一母权所派生的次级用益物权；必须明确农村用于农业经营的土地用益物权，其转让、抵押等行为针对的是经营权本身，而并非农村土地，也不是农户的承包权。除此，在农村土地确权登记后，应当鼓励拥有承包权的农户与投资农业的经营者在平等自愿的基础上就土地经营权流转签订长期合同，对合同设定的土地经营权进行电子化登记，让流转双方获得对抗第三人的法律效力，有效地盘活土地资源，让农户根据自身需求调整种植面积，发展多种形式规模经营，鼓励大农、扶持小农，“双轨”同步促进农业发展。

① 中共中央、国务院印发的《乡村振兴战略规划（2018—2022年）》，2018年9月26日。

十九大报告指出，巩固和完善农村基本经营制度，深化农村土地制度改革，完善承包地“三权”分置制度。保持土地承包关系稳定并长久不变，第二轮土地承包到期后再延长30年。其中，“巩固”这一概念进一步强调了，党中央对于实行农村基本经营制度长期不变的坚定决心。2018年是全国承包地确权登记颁证工作的收官之年，这不仅让农民吃下土地承包权的“定心丸”，也为投资于农业、流转入土地的经营者提供了稳定的预期。总体而言，“三权分

历史

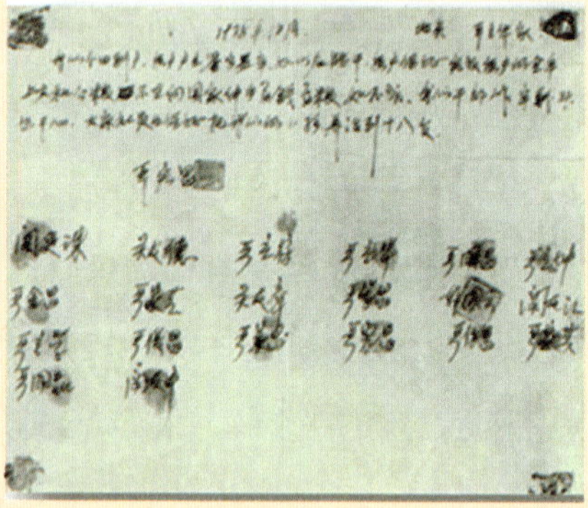

1978年11月24日晚上，安徽省凤阳县凤梨公社小岗村西头严立华家低矮残破的茅屋里挤满了18位农民。关系全村命运的一次秘密会议此刻正在这里召开。这次会议的直接成果是诞生了一份不到百字的包干保证书。其中最主要的内容有三条：一是分田到户；二是不再伸手向国家要钱要粮；三是如果干部坐牢，社员保证把他们的小孩养活到18岁。在会上，队长严俊昌特别强调：“我们分田到户，瞒上不瞒下，不准向任何人透露。”1978年，这个举动是冒天下之大不韪，也是一个勇敢的甚至是伟大的壮举。

1982年1月1日，中国共产党历史上第一个关于农村工作的一号文件正式出台，明确指出包产到户、包干到户都是社会主义集体经济的生产责任制。此后，中国政府不断稳固和完善家庭联产承包责任制，鼓励农民发展多种经营，使广大农村地区迅速摘掉贫困落后的帽子，逐步走上富裕的道路，中国因此创造了令世人瞩目的用世界上7%的土地养活世界上22%人口的奇迹。

置”制度，既是在坚持社会主义土地集体所有的前提下，细化土地权利束、促进土地流转、盘活农村土地资源，促使多种形式的经营主体并存，是对农村基本经营制度内涵的丰富与完善；也是适应生产力和生产关系，符合农业农村实际情况的制度变革；更是习近平关于“三农”工作的重要论述中的伟大创新和重要组成部分。

1.3 推进农业供给侧结构性改革，实现农业现代化

工业、农业、国防和科学技术“四个现代化”是新中国老一辈革命家明确提出的社会主义建设任务，也是实现“两个一百年”伟大奋斗目标、建成社会主义现代化国家的重要基石。农业现代化建设是“四化”的重要方面，但是与其他方面相比，中国农业的现代化水平仍相对滞后。对此，习近平总书记于2014年12月在江苏调研时指出，没有农业现代化，没有农村繁荣富强，没有农民安居乐业，国家现代化是不完整、不全面、不牢固的。2015年3月9日全国“两会”期间，习近平总书记参加吉林代表团审议时强调，中国现阶段不是要不要农业的问题，而是在新形势下怎样迎难克艰、继续抓好的问题。新型工业化、信息化、城镇化、农业现代化中，农业现代化不能拖后腿。我们必须始终保持战略清醒。供给侧结构性改革，无疑是习近平总书记应对经济转型发展的一大创新举措。聚焦“三农”领域，农业与农村作为经济发展的“平衡器”“蓄水池”，深化农业供给侧结构性改革成为必然趋势，并可助力乡村振兴、民富国强①。

在实践中，推进农业供给侧结构性改革，要着重注意以下三个方面。

① 朱信凯．深化农业供给侧结构性改革 助力乡村振兴[J]．农业经济与管理，2017（06）：12-14．

1.3.1 “去库存”是农业供给侧结构性改革的重要目标

为保障粮食安全，国家常采用最低收购价格政策或临储收购政策，一定程度上保障和促进了农民的生产积极性，实现了粮食产量和农民收入的“十二连增”。但由此也使得政策性粮食库存积压比较严重，约10%的库存达到或超过正常储存年限。过高的粮食库存量主要是由于我国农产品价格补贴政策不尽合理，使得市场价格机制扭曲较为严重，进而导致生产过剩与进口过剩结构性失衡的双重矛盾。2015年中央农村工作会议探讨了以粮食为代表的农产品库存问题，并提出要通过农业供给侧结构性改革引领农业新走向；2016年5月，习近平总书记在黑龙江考察时指出，要做好农业的精准补贴工作，把去库存、补短板有机结合起来。

1.3.2 “调结构”是农业供给侧结构性改革的核心内容

当前，随着居民消费升级，现有农产品供给的品种、质量结构已难以匹配新的消费需求，通过结构性改革解决农产品供求的结构性矛盾成为必然趋势。对此，在2016年12月召开的中央农村工作会议上，习近平总书记指出，要在确保国家粮食安全基础上，着力优化产业产品结构；要协同发挥政府和市场“两只手”的作用，更好引导农业生产、优化供给结构。这就需要，一是由生产主导型向市场消费主导型转变，因势利导地调整农产品的品种结构，提高农业供给结构的质量和效率，生产更多更高质、更安全的农产品，以满足不同收入居民消费升级的需求；二是要在保障粮食及主要农产品有效供给的前提下，调整农业产品结构、生产结构及地区结构，树立大农业、大食物观念，根据各地的区位优势，合理开发各类农业资源，不断开创农业生产力与资源环境承载力相匹配的农业生产新格局；三是按照稳粮、优经、扩饲的要求，加快构建粮经饲协调发展的三元种植结构。

1.3.3 “补短板”是农业供给侧结构性改革的关键环节

弥补农产品质量短板，是提升我国农产品国际竞争力、提高我国农产品价格、增加农民收入的重要举措。“给农业插上科技的翅膀”，让科技创新成为农业发展的新引擎，既是农业现代化发展的必然要求，也是农业“补短板”的生产力基础。2013年11月习近平总书记在山东考察时要求，按照增产增效并重、良种良法配套、农机农艺结合、生产生态协调的原则，促进农业技术集成化、劳动过程机械化、生产经营信息化、安全环保法治化，加快构建适应高产、优质、高效、生态、安全农业发展要求的技术体系。“十二五”时期，我国在科技创新方面取得巨大进步，为农业转型升级注入强劲动力。未来，我们还要让农业科技之光普照生产、加工、流通等各个环节，加快农业科技创新在生物科技、农机装备、生态环保等领域的突破与应用，加强农业生物技术研究、安全管理、科学普及，支持农机、化肥、农药企业技术创新，补齐短板，全面提高供给质量。

农业供给侧结构性改革无疑是习近平总书记对农业改革发展做出的又一大创新举措，也是解放和发展农村生产力，以农民为中心，实现共同富裕的根本之策。我们要认识到，农业供给侧结构性改革既是解决当前农业发展中的各种突出矛盾的政策抓手，又是立足于农业体制机制改革、以实现农业现代化为目标的中长期性战略。在具体的推进过程中，要具体问题具体分析，充分运用“十指弹琴”的工作方法，学会统筹兼顾，既要认识到农业供给侧方面的主要矛盾所在，又不能忽视农业在需求侧方面的问题；既要充分发挥农业供给侧结构性改革的积极作用，又不能将所有问题都归咎于供给问题或供给侧的结构性问题。

1.4 处理好市场与政府关系，推进城乡一体化发展

2015年4月30日，习近平总书记在中共中央政治局第二十二次集体学习时强调，推进城乡发展一体化，是工业化、城镇化、农业现代化发展到一定阶段的必然要求，是国家现代化的重要标志。把工业反哺农业、城市支持农村作为一项长期坚持的方针，坚持和完善实践证明行之有效的强农惠农富农政策，动员社会各方力量加大对“三农”的支持力度，努力形成城乡发展一体化新格局。

关于如何推进城乡一体化发展，党的十八届三中全会提出，城乡二元结构是制约城乡一体化发展的主要障碍。必须健全体制机制，形成以工促农、以城带乡、工农互惠、城乡一体的新型工农城乡关系，让广大农民平等参与现代化进程、共同分享现代化成果。2016年4月，习近平总书记在安徽省凤阳县小岗村召开农村改革座谈会，进一步指出建设社会主义新农村，要规划先行，遵循乡村自身发展规律，补农村短板，扬农村长处，注意乡土味道，保留乡村风貌，留住田园乡愁。要因地制宜搞好农村人居环境综合整治，创造干净整洁的农村生活环境。马克思主义认为，城市与乡村的发展要经历三个辩证发展的阶段：城乡依存、城乡分离和对立、城乡融合，也就是通过新技术的应用逐渐地消灭城乡差别。毛泽东主席提出的消灭“三大差别”，即消除工农之间、城乡之间、脑力劳动和体力劳动之间的差别，是未来社会的基础。习近平总书记关于城乡

一体化发展的理论，与其一脉相承，体现了社会主义的城乡发展观。

那么，如何实现社会主义城乡一体化发展？习近平总书记对此有充分的论述。要进一步推进农业和农村的市场化改革，促进资源优化合理配置。社会主义与市场经济的有效结合，是中国特色社会主义制度的成功经验和重大创新。党的十八届三中全会进一步提出要让市场在资源配置中起决定性作用，使市场在资源配置中的作用进一步加强。我国的城乡二元结构致使城市与农村的市场化程度形成显著差别，阻碍了城乡资源的有效配置，成为城乡一体化发展的绊脚石。因此，要进一步推动农业和农村领域的市场化改革，发挥市场在农业与农村资源配置中的决定性作用，以打破城乡壁垒、优化资源配置，实现城乡协同发展。

1.4.1 完善城乡劳动力市场，促进劳动力无障碍流动

总体而言，就是要通过市场调节，重焕农业产业活力，增加农民收益及收益提升空间，取消城乡资源流动的诸多阻碍，实现劳动力在城乡间的自由配置。具体而言，应逐步完善城乡劳动力市场交易平台，提供更多就业信息，合法合理议价，营造规范、宽松的劳动力流动环境；同时，要提高农村居民个人素质和技术水平，实现高质量就业，更大幅度满足市场需求，让农村劳动力“出得去”；还要吸引更多愿意发展农业、推动农业现代化的有志青年为农村建设出力，让劳动力“进得来”。

1.4.2 适度发展农村金融，促进资本要素助力农村发展

健全适合农业农村特点的农村金融体系，把更多金融资源配置到农村经济社会发展的重点领域和薄弱环节，更好满足乡村振兴多样化金融需求[①]。在财政支农、政策惠农的基础上，积极引入市场金融动力，为国家财政松绑的同

① 资料来源：中共中央、国务院印发的《乡村振兴战略规划（2018—2022年）》，2018年9月26日。

时，带动农村金融稳定发展。一方面，加强市场金融信息共享平台建设，提供更多金融服务信息；另一方面，将农村商业性金融作为农村资本形成与规模扩张的主要载体，在推动农业组织创新和产业结构调整的基础上，扩大农村商业银行服务对象。通过土地制度改革，尤其是允许农地承包经营权抵押，拓展农业部门从商业银行获取资金的信贷担保体系建设，促进资本在城乡间自由流动，使农村有资金、有动力进一步发展。

拓展阅读

乡村振兴金融支撑重大工程[①]

（一）金融服务机构覆盖面提升

稳步推进村镇银行县市设立工作，扩大县城银行业金融机构服务覆盖面。在严格保持县城网点稳定的基础上，推动银行业金融机构在风险可控、有利于机构可持续发展的前提下，到空白乡镇设立标准化固定营业网点。

（二）农村金融服务“村村通”

在具备条件的行政村，依托农村社区超市、供销社经营网点，广泛布设金融电子机具、自助服务终端和网络支付端口等，推动金融服务向行政村延伸。

（三）农村金融产品创新

深化“银保合作”，开发设计以贷款保证保险为风险缓释手段的小额贷款产品。探索开展适合新型农业经营主体的订单融资和应收账款融资，以及农业生产设备、设施抵押贷款等业务。

（四）农村信用体系建设

搭建以“数据库+网络”为核心的信用信息服务平台，提高信用体系覆盖面和应用成效。积极推进“信用户”“信用村”“信用乡镇”创建，提升农户融资可获得性，降低融资成本。

① 资料来源：中共中央、国务院印发的《乡村振兴战略规划（2018—2022年）》，2018年9月26日。

1.4.3 充分利用市场活力，助力乡村振兴战略实施

中国的城镇化红利并非城镇化本身创造的，而是城镇化带来的规模经济效应、范围经济效应和集聚经济效应。通过市场促进人流、物流、信息流在城乡之间互联互通，规模、范围、集聚三大效应就会辐射到乡村，也必然会带来第二轮市场红利的爆发式释放。充分利用市场活力，要求处理好政府与市场关系。一方面保证市场发挥决定性作用。正如在十九大报告提出的乡村振兴战略中，强调发挥好农业与农村发展的主动性、农民发展的主体性；强调把握好“主动”与“被动”关系，不再只将农村农业置于城市带动农村、工业反哺农业中的被动地位；强调重视好农业自身价值、发挥农村自身优势、培育农民自身力量，主动实现农业农村繁荣、接轨城市，最终实现城乡融合发展。另一方面，充分发挥好政府在城乡一体化发展中的作用。由于单靠市场作用，无法保障农业、农村长远发展和城乡差距不断缩小，政府必须坚持有所为，在农业与农村资源配置中发挥积极作用，统筹规划，建立配套政策，完善基础设施建设；更要有所不为，应减少指令性计划，减少对微观主体的干预。习近平总书记曾指出，更好发挥政府作用，不是要更多发挥政府作用，而是管好那些市场管不了或管不好的事情。

1.4.4 政府统筹规划，弥补市场缺陷

市场机制具有自发性、盲目性和滞后性的内在缺陷，无法保证公共物品的充分供给，无法保证城乡差距逐渐缩小，为减少这些缺陷对经济发展产生的消极影响，政府需从全局利益和长远利益出发，对国民经济和社会发展进行有计划的管控和统筹协调，这是社会主义制度的本质要求和突出优势。面对客观存在的城乡差距，政府必须统筹规划，弥补市场缺陷，纠正“马太效应”，统筹城乡发展、区域发展、经济社会发展、人与自然和谐发展，统筹个人利益和集体利益、局部利益和整体利益、当前利益和长远利益，实现资源在城乡间公平、有效配置，推动城乡一体化发展。

1.5 坚持绿色发展理论，建设生态文明的美丽中国

建设生态文明、保护生态环境是保护国家利益、人民幸福、民族发展的根本，也是城市与乡村协同发展紧密联系的重要纽带。习近平总书记曾多次用朴实、生动的语言强调绿色发展理念的深刻内涵，并明确指出践行绿色发展理念的基本方向。如2013年9月7日，习近平总书记在哈萨克斯坦纳扎尔巴耶夫大学发表演讲并回答学生问题时指出：“我们既要绿水青山，也要金山银山。宁要绿水青山，不要金山银山，而且绿水青山就是金山银山”；2016年3月10日参加青海代表团审议时再次强调：“在生态环境保护建设上，一定要树立大局观、长远观、整体观，坚持保护优先，坚持节约资源和保护环境的基本国策，像保护眼睛一样保护生态环境，像对待生命一样对待生态环境，推动形成绿色发展方式和生活方式。”

如何把绿色发展理念和建设生态文明有效地在城乡协同发展中贯彻落实呢？

1.5.1 要树立节能降耗观念，实现经济发展与生态文明建设良性互动

习近平总书记指出，生态文明建设事关中华民族永续发展和“两个一百年”奋斗目标的实现，保护生态环境就是保护生产力，改善生态环境就是发展生产力。节约资源是保护环境的根本之策，要推动资源利用方式根本转变，加强全过程节约管理，大幅降低能源、水、土地消耗强度，提高利用效率和效益。对此，习近平总书记在《关于〈中共中央关于制定国民经济和社会发展第十三个五年规划的建议〉的说明》中强调：“既要控制总量，也要控制单位国内生产总值能源消耗、水资源消耗、建设用地的强度。这项工作做好了，既能节约能源和水土资源，从源头上减少污染物排放，也能倒逼经济发展方式转

变，提高我国经济发展绿色水平。”

1.5.2 要加强治理保护力度，不走“先污染，后治理”的错误路线

建设生态文明，重在加强保护，切莫重蹈“先污染、后治理”的覆辙。对此，在农业领域，要加强农业治理保护，深入开展测土配方施肥，大力推广生物有机肥、低毒低残留农药，开展秸秆、畜禽粪便资源化利用和农田残膜回收区域性示范。应加大生态修复工程，增强生态产品生产能力，推进荒漠化、石漠化、水土流失综合治理，扩大森林、湖泊、湿地面积，保护生物多样性。坚持预防为主、综合治理，以解决损害群众健康突出环境问题为重点，强化水、大气、土壤等污染防治。坚持共同但有区别的责任原则、公平原则、各自能力原则，实现“城乡一体化”的生态文明建设。

十九大报告提出“提供更多优质生态产品以满足人民日益增长的优美生态环境需要”的要求，为农业农村绿色发展指明了方向。当前，农业农村绿色发展的支撑保障制度体系有待进一步健全。要创新体制机制、协调多元主体，促进农业生产、农村生态和农民生活“三生融合共赢”，通过休耕轮作、退耕还林还草、建设自然保护地体系等手段，控制耕地草原河湖开发规模、降低利用强度、恢复生态功能，加快转变农业发展方式和资源利用方式，加大执法力度和考核奖惩，促进水生生物保护、耕地污染阻控、草原河湖生态修复等，鼓励工农业投入品绿色生产、加工流通绿色循环、营销包装低耗低碳等绿色生产方式，推动实现资源永续利用，为美丽中国做出应有努力。

1.6 促进农民增收，落实精准扶贫，确保实现全面小康

“小康”是中华民族对美好生活的不变期盼，也是无数志士仁人前赴后继、不懈追求的奋斗目标。2012年，党的十八大将“全面建设小康社会”调整为“全面建成小康社会”，体现了新时期实现全面小康的决心。2013年11月在山东农业科学院召开的座谈会上，习近平总书记指出：“小康不小康，关键看老乡。新世纪以来，农民收入连续9年增长，生活水平不断提高，但全面建成小康仍极为艰巨。要大力促进农民增加收入，不要平均数掩盖了大多数，要看大多数农民收入水平是否得到提高。”2017年6月，习近平总书记在深度贫困地区脱贫攻坚座谈会上强调，脱贫攻坚本来就是一场硬仗，深度贫困地区脱贫攻坚更是这场硬仗中的硬仗。

1.6.1 “农民增收”是实现全面小康的重要基础

促进农民增收，是中国经济实现持续中高速增长的重要支撑，更是加快社会主义新农村建设、实现全面小康社会的重要基础。因此，应千方百计促进农民增收，一方面要调动农民的生产积极性，进而提高农业劳动力投入水平，促

进劳动生产率的增长；另一方面，要扩大农民消费需求，打开农村市场，有效化解和消除当前相对过剩的生产能力，改善农村生活质量。在2016年4月安徽省凤阳县小岗村召开的农村改革座谈会上，习近平总书记强调，增加农民收入，要构建长效政策机制，通过发展农村经济、组织农民外出务工经商、增加农民财产性收入等多种途径，不断缩小城乡居民收入差距，让广大农民尽快富裕起来。在政策上，要考虑如何提高粮食生产效益、增加农民种粮收入，实现农民生产粮食和增加收入齐头并进，不让种粮农民在经济上吃亏，不让种粮大县在财政上吃亏。

要实现农民增收，需要专门性的政策和措施予以配合，如合理发放农业补贴、完善农村公共服务、推动农村社会保障体系建设和改革等。但实现农民增收的关键还是要谋发展，即通过优化产业结构，培育新的增长点，带动农民就业，提高经济效益。这种思想集中体现在习近平同志对于闽东地区落后原因的深入调研和剖析的案例中。通过调查研究，他发现贫困地区产业结构不合理是导致贫困的一大症结：不合理的产业结构使企业难以进行生产联系和协作配套，不能形成名优特产的宏大阵势，致使沿海优势发挥不够充分，山区资源开发步幅缓慢。因此，习近平同志认为制定和实施以完善产业结构为目标的产业政策，已是当务之急。对此，习近平同志从闽东实际出发，提出要立足“大农业”的区情，紧紧围绕农业发展工业，以发展工业来支援农业，工农业联动；因地制宜，立足区域优势，科学地选择主导产业，发展龙头企业，促其上批量、上规模，实现规模经营效益。

1.6.2 “精准扶贫”是实现全面小康的有力手段

长期以来，贫困人口数目不清、情况不明等由粗放式扶贫带来的问题突出，尤其是在农村地区，因而实现农村贫困人口脱贫是全面建成小康社会的必由之路。2015年1月，习近平总书记在云南考察工作时指出，扶贫开发是我们第一个百年奋斗目标的重点工作，是最艰巨的任务。现在距实现全面建成小康社会只有五六年时间了，时不我待，扶贫开发要增强紧迫感，真抓实干，不能光喊口号，决不能让困难地区和困难群众掉队。要以更加明确的目标、更加有力的举措、更加有效的行动，深入实施精准扶贫、精准脱贫，项目安排和资金使用都要提高精准度，扶到点上、根上，让贫困群众真正得到实惠。

在扶贫过程中，习近平总书记强调，扶贫开发贵在精准，重在精准，成败之举在于精准，必须在精准施策上出实招、在精准推进上下实功、在精准落地上见实效，做到“六个精准”，即扶持对象精准、项目安排精准、资金使用精准、措施到户精准、因村派人精准、脱贫成效精准。我国幅员辽阔，东西部经济发展水平差距较大，难以实现资源配置完全均等化，2014年全国贫困人口仍有7 000多万。2016年中央一号文件提出通过产业扶持、转移就业、易地搬迁等措施解决5 000万左右贫困人口脱贫；对完全或部分丧失劳动能力的2 000多万贫困人口，全部纳入低保覆盖范围，实行社保政策兜底脱贫。贫困人口的主体在农村，农村是“全面建成小康社会”目标的重点所在，农民是“精准扶贫”的主要对象。对此，实施精准扶贫、精准脱贫要侧重：对有劳动能力的支持发展特色产业和转移就业；对“一方水土养不起一方人”的实施扶贫搬迁；对生态特别重要和脆弱的实行生态保护扶贫；对丧失劳动能力的实施兜底性保障政策；对因病致贫的提供医疗救助保障。十九大报告指出要确保到2020年我国现行标准下农村贫困人口实现脱贫，贫困县

全部摘帽，解决区域性整体贫困，做到脱真贫、真脱贫。

1.6.3 加强基层党组织建设，是实现全面小康的制度保障

农村实行家庭联产承包责任制后，相对集中的生产活动、社会活动有所减少，但这不意味着一盘散沙，各干各的。改革开放以后，更需要一种凝聚力，把千百户农民吸引到一起，发展商品生产。千百万农民的团结奋斗、共同努力是脱贫致富的根本，而农村党组织建设是脱贫致富的核心。习近平总书记曾深刻指出，共产党人只有顺应群众的共同意愿，才能代表群众的利益，才谈得上去组织群众、引导群众，才能充分发挥党组织的领导核心作用。实践证明，农村改革越深化，党组织的核心地位越要强化；脱贫越深入，农村第一线党组织的力量越要增强。2016年中央一号文件提出，要始终坚持农村基层党组织领导核心地位不动摇，充分发挥农村基层党组织的战斗堡垒作用和党员的先锋模范作用，不断夯实党在农村基层执政的组织基础。这样才能保障实现全面小康。

1.6.4 提高农业从业人员素质，是实现全面小康的根本目标

十九大报告中提到三处“优先”：坚持农业农村优先发展，优先发展教育事业，坚持就业优先战略。三个“优先”的叠加，无疑是中国当前最紧迫的历史性任务之一，也就是发展好农民教育、农村教育与农业教育。现代化的关键之一是人的现代化，因此农民和农业从业人员的现代化素质是农业农村现代化和实现全面小康的关键。然而，当前农村儿童能够接受高中教育的比例可能不足63%，接受过各类职业资格认定的农民只有4.4%，农业院校毕业生真正从事和本专业完全对口职业的不到30%。对此，必须要促进中等职业教育与高中阶段教育的有机衔接，针对农村地区开展多种形式的高中阶段教育，着眼于农业现代化，推动农业职业教育与农业高等教育融合协调发展，开展高素质农民教育培训，以就业创业为接口，让农业成为魅力产业、农村成为创新热土、农民成为体面职业。

2 乡村振兴战略

“务农重本，国之大纲”。十九大报告把乡村振兴战略列为贯彻新发展理念、建设现代化经济体系的六项重点工作之一；十九大修改通过的《中国共产党章程》，把乡村振兴战略列为中国共产党新时代七项战略之一。这表明，乡村振兴战略是以习近平同志为核心的党中央着眼党和国家事业全局，深刻把握现代化建设规律和城乡关系变化特征，顺应亿万农民对美好生活的向往，对“三农”工作做出的重大决策部署，是决胜全面建成小康社会、全面建设社会主义现代化国家的重大历史任务，是新时代做好“三农”工作的总抓手[1]。

① 中共中央、国务院印发的《乡村振兴战略规划（2018—2022年）》，2018年9月26日。

2.1 如何理解新时代乡村振兴战略

2.1.1 新时代我国乡村振兴战略提出的背景

20世纪90年代以来，在经济发展创造中国奇迹的同时，中国社会结构和自然风貌的变化却导致乡村逐渐衰败。在市场化、信息化、现代化趋势下，城乡二元结构差异、信息不对称、经济发展不平衡等问题仍加剧着城乡人口流动，导致“386199”（留守妇女、儿童、老人）成为现在农村的主要劳动力。对此，近年来党和国家对于“三农”工作的重视不断加强，为农业农村发展做出了巨大努力，在中国特色社会主义新时代，乡村迎来了难得的发展机遇。

2.1.1.1 “三农”发展经验，为乡村振兴战略的落实奠定基础 党的十八大以来，我国农业农村工作的主线定为“供给侧结构性改革”，以粮食生产功能区和重要农产品生产保护区“两区”建设为依托，促进农业结构和布局调整，从过去对产量的过度关注转向结构、质量等方面，以满足人民日益增长的需要。例如，“三品一标”[①]农产品数量不断增加。

① “三品一标”是无公害农产品、绿色食品、有机农产品和农产品地理标志的简称，是我国重要的安全优质农产品公共品牌。

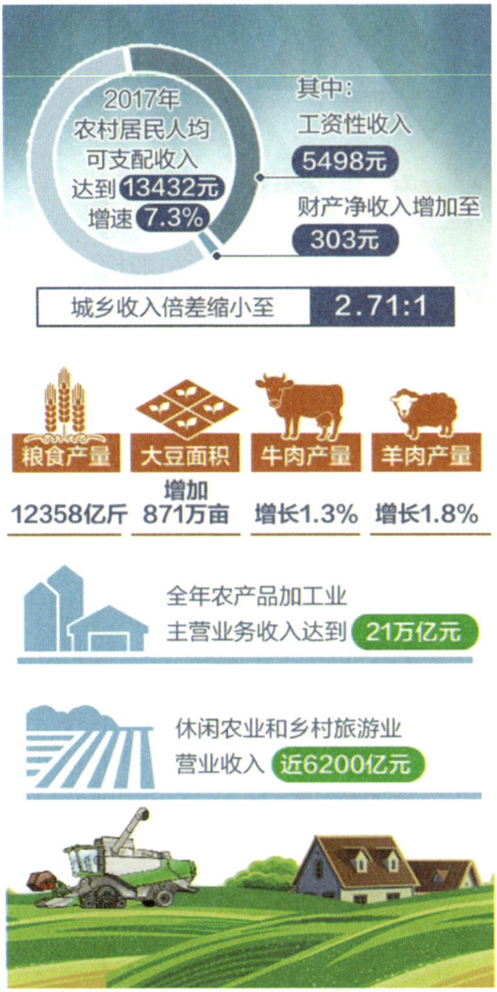

2017年我国农业发展状况①

面对新形势我国不断呈现出向好态势，目前，粮食产能已经连续5年稳定在6亿吨以上，水稻、小麦、玉米三大谷物的自给率保持在98%以上，主要农作物良种实现全覆盖，其中自主选育的品种占比95%，粮食人均占有量达到450千克。农民收入持续增长，根据2017年我国农业农村经济数据，农村居民人均可支配收入为13 432元，增速高达7.3%，高于GDP增速0.4个百分点，高于城镇居民收入增速0.8个百分点，城乡居民收入倍差缩小至2.71∶1。脱贫攻坚战取得决定性进展，2012—2016年，我国现行贫困标准下的贫困人口由9 899万人减少至4 335万人，累计减少5 564万人；2017年贫困人口再减少超过1 000万人。农村生态环境治理成效显著，2016年全国农村生活垃圾处理率达到60%，预计2020年可以达到90%；全国12.6万个村庄完成了农村环境综合整治，覆盖农村人口达1.9亿人。取得的这些成就都是乡村振兴的重要经验。

① 乔金亮：《去年农民人均可支配收入增速为7.3%城乡居民收入倍差进一步缩小》，经济日报，2018年1月31日。

2.1.1.2 在中国特色社会主义新时代，乡村迎来了难得的发展机遇 一方面，在中国特色社会主义新时代，“中国要强，农业必须强；中国要美，农村必须美；中国要富，农民必须富”的新目标和乡村振兴战略的提出是关系国计民生的根本性问题，为乡村发展带来契机，农业农村新动能不断涌现。例如，通过深度融合农村一二三产业，连接农业生产、加工、服务等环节，成功地发掘了我国城乡居民的消费潜力，休闲农业和乡村旅游呈现“井喷式”增长态势。整个产业呈现出发展加快、布局优化、质量提升、领域拓展的良好态势，营业收入上涨迅速。2017年，全国乡村旅游与休闲农业经营收入累计超过6 200亿元，年平均接待游客22亿人次；乡村旅游游客接待达24亿人次，占国内游客接待人次的54.4%，但营业收入仅占全国旅游业收入的14.5%，未来还有很大的发展空间。除此以外，农产品电商交易额屡创新高。2017年，全

拓展阅读

小厕所，大民生

厕所问题不仅关系旅游环境的改善，也关系广大人民群众生活品质的改善，关系国民素质提升、社会文明进步。很长一段时间以来，厕所也是我国旅游业最突出的薄弱环节，是我国社会文明和公共服务体系的一块短板。党的十八大以来，习近平总书记在国内考察调研过程中，经常会问起村民使用的是水厕还是旱厕，在视察村容村貌时也会详细了解相关情况。他多次强调，随着农业现代化步伐加快，新农村建设也要不断推进，要来个“厕所革命”，让农村群众用上卫生的厕所。自2015年起，国家旅游局在全国范围内启动3年旅游厕所建设和管理行动。截至2017年年底，累计安排资金达到10.4亿元，各地安排的配套资金超过200亿元，全国共新建和改扩建旅游厕所7万座，超额完成3年行动计划5.7万座的22.8%。2018年全国新建和改扩建2.4万座旅游厕所，未来3年完成6.4万座旅游厕所建设任务。

国农村网络零售额达到1.24万亿元，同比增长39.1%；农村网店达到985.6万家，同比增长20.7%，带动就业人数超过2 800万人。

另一方面，在中国特色社会主义新时代，人民日益增长的美好生活需要和不平衡不充分的发展之间的矛盾在“三农”领域最为突出。近些年来，我国稻谷产量在2亿吨以上，消费量在1.8亿吨左右，但稻谷库存已经超过1亿吨，去库存压力较大。与此同时，大豆生产存在较大缺口，2017年大豆净进口量为9 542万吨，是国内大豆生产量的6倍多。在乡村迎来了难得的发展机遇的同时，农业供给结构亟待改善。

2.1.2 乡村振兴的目标和任务

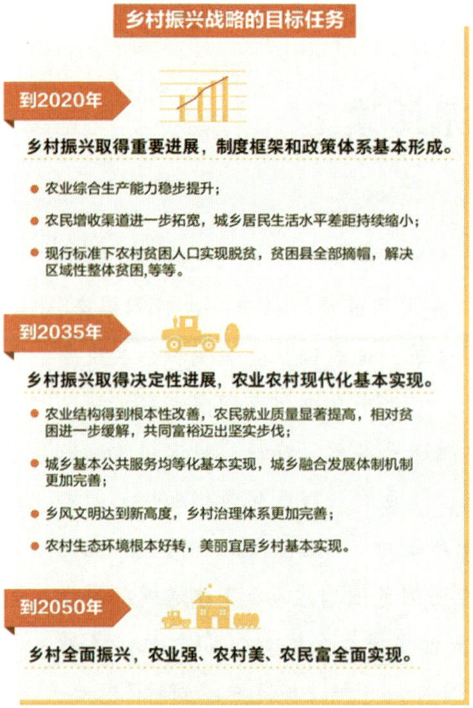

乡村振兴战略目标任务[①]

2018年中央一号文件指出，要让农业成为有奔头的产业，让农民成为有吸引力的职业，让农村成为安居乐业的美丽家园。寥寥数语，勾画出一幅未来我国乡村的美好图景。

“农业的出路在现代化。”乡村振兴战略必须以农业农村现代化为基础。农业无论如何发展，归根结底是关乎人民一饮一食的供给源，是人民赖以生存的食物资源。农业要强，农业现代化水平必须高。农业现代化水平的提升，往往意味着农业生产体系、产业体系、

① 程璨：《乡村振兴战略的目标任务》，中国青年报，2018年3月12日。

经营体系的不断健全，一二三产业的深度融合发展，农业产业链、价值链的不断延伸与农产品附加价值的提高，创新主体和培育机制的不断完善与健全。

乡村振兴战略规划主要指标①

分类	序号	主要指标	单位	2016年基期值	2020年目标值	2022年目标值	2022年比2016年增加[累计提高百分点]	属性
产业兴旺	1	粮食综合生产能力	亿吨	＞6	＞6	＞6	—	约束性
	2	农业科技进步贡献率	%	56.7	60	61.5	[4.8]	预期性
	3	农业劳动生产率	万元／人	3.1	4.7	5.5	2.4	预期性
	4	农产品加工产值与农业总产值比	—	2.2	2.4	2.5	0.3	预期性
	5	休闲农业和乡村旅游接待人次	亿人次	21	28	32	11	预期性
生态宜居	6	畜禽粪污综合利用率	%	60	75	78	[18]	约束性
	7	村庄绿化覆盖率	%	20	30	32	[12]	预期性
	8	对生活垃圾进行处理的村占比	%	65	90	＞90	[＞25]	预期性
	9	农村卫生厕所普及率	%	80.3	85	＞85	[＞4.7]	预期性
乡风文明	10	村综合性文化服务中心覆盖率	%	—	95	98	—	预期性
	11	县级及以上文明村和乡镇占比	%	21.2	50	＞50	[＞28.8]	预期性
	12	农村义务教育学校专任教师本科以上学历比例	%	55.9	65	68	[12.1]	预期性
	13	农村居民教育文化娱乐支出占比	%	10.6	12.6	13.6	[3]	预期性
治理有效	14	村庄规划管理覆盖率	%	—	80	90	—	预期性
	15	建有综合服务站的村占比	%	14.3	50	53	[38.7]	预期性
	16	村党组织书记兼任村委会主任的村占比	%	30	35	50	[20]	预期性
	17	有村规民约的村占比	%	98	100	100	[2]	预期性
	18	集体经济强村比重	%	5.3	8	9	[3.7]	预期性
生活富裕	19	农村居民恩格尔系数	%	32.2	30.2	29.2	[−3]	预期性
	20	城乡居民收入比	—	2.72	2.69	2.67	−0.05	预期性
	21	农村自来水普及率	%	79	83	85	[6]	预期性
	22	具备条件的建制村通硬化路比例	%	96.7	100	100	[3.3]	约束性

注：1. 本指标体系和规划中非特定称谓的“村”均指村民委员会和涉农居民委员会所辖地域。

2. 后续专栏中定量指标未说明年份的均为2022年目标值。

① 资料来源：中共中央、国务院印发的《乡村振兴战略规划（2018—2022年）》，2018年9月26日。

“农村发展，关键在人。”乡村振兴要以农民的全面发展为宗旨，让农民成为令人羡慕的职业。怎样才能令人羡慕？关键要大力促进农民增收。“小康不小康，关键看老乡”，这不仅是让农民增收，并且要让农民的工作变得更加有尊严。随着新型农业经营主体的不断涌现，让农民成为有文化、懂技术、善经营的高素质农民；加强农村的公共基础设施建设，缩小城乡间的社会福利差距；打破农户发展束缚，增加农户向上流动的机会，扩大农户选择余地，让农民不仅能扎根农村，也能融入城市。

2.2 怎样建设乡村——五大要求指明乡村振兴发展方向

实施乡村振兴战略是新时代解决我国“三农”问题的重大战略举措。习近平总书记在党的十九大报告中指出：“农业农村农民问题是关系国计民生的根本性问题，必须始终把解决好‘三农’问题作为全党工作重中之重。要坚持农业农村优先发展，按照产业兴旺、生态宜居、乡风文明、治理有效、生活富裕的总要求，建立健全城乡融合发展体制机制和政策体系，加快推进农业农村现代化”。

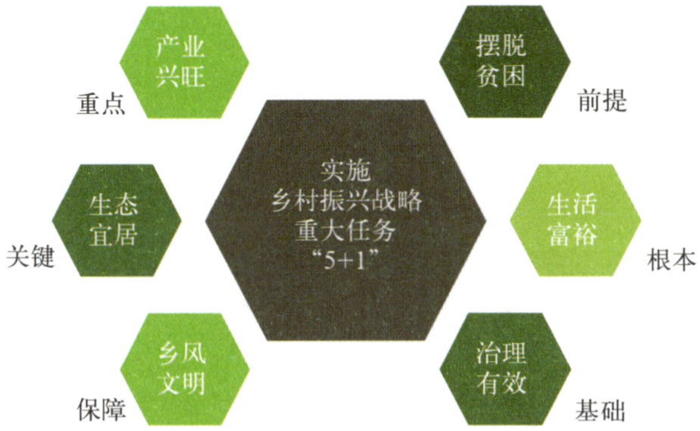

实施乡村振兴战略的重大任务

2.2.1 产业兴旺是乡村振兴的首要任务

2018年中央一号文件把“产业兴旺”作为实施乡村振兴战略总体要求中的首要任务，是因为产业发展是乡村振兴的经济基础，直接关系农业发展、农村劳动力就业与农民增收。

一是产业兴旺关系到我国的粮食安全。十九大报告明确指出要确保国家粮食安全，把中国人的饭碗牢牢端在自己手中。随着国民经济的发展，我国居民消费水平不断提升，消费结构也随之变化。人民消费需求从“吃得饱”向“吃得好”转变，对我国农业产业发展提出了更高的要求。过去拼资源、拼投入、拼产量的粗放型农业增长方式要尽快向数量与质量并重的农业发展方式转变。通过“藏粮于地”“藏粮于技”等战略，转变农业发展方式，优化农业供给结构，保障农产品有效供给。按照高质量发展要求，坚持质量第一、效益优先，深入推进农业品牌建设、质量优化、健康环保、持续发展。发展绿色农业、循环农业、生态农业，走人与自然和谐共生、资源节约型、环境友好型的现代农业发展道路。

二是产业兴旺关乎我国农业三产融合和农民增收。农民收入提高终究要来自农业生产。产业兴旺意味着农田不再仅限于耕田养殖，农产品精深加工、休闲农业、乡村旅游等新产业、新业态也可以成为乡村发展新的活力。通过大力开发农业多种功能，延长产业链、提升价值链、完善利益链，以保底分红、股份合作、利润返还等多种形式，让农民合理分享全产业链增值收益。当前阶段，我国农产品加工业的发展目标是，到2020年加工转化率提高至68%、到2025年再提高到25%，努力优化结构布局、加强自主创新能力、基本接近中等发达国家水平，彰显着我国农产品加工业的发展壮大以及农业带动农民增收能力的增强。

三是产业兴旺能够带动劳动力就业。乡村振兴的根本在人，现阶段，随着我国社会经济发展进入新常态阶段，加之工业化与城镇化的推进，大量农村劳动力向城市流动，部分农村出现“空心村”的现象。虽然农村劳动力向城市流动是城镇化的最明显的表现，但大量劳动力的流出，使农村逐渐“空巢化”，乡镇振兴也无从谈起。从目前我国乡村发展的经验来看，发展农村产业有助于解决“空心村”问题。一方面，发展农村产业可以使农民能够在家门口就业，扭转各种要素单向从农村流向城市的“虹吸效应”，让农村能够留得住人；另一方面，通过各种政策吸引返乡下乡人员与其他专业人才到乡村创业，为农村带来新的生机，为乡村振兴注入新的活力。

2.2.2 生态宜居是留住乡愁的前提

“我们既要绿水青山，也要金山银山。宁要绿水青山，不要金山银山，而且绿水青山就是金山银山。”发展循环农业、生态农业，转变农业发展方式，构建生态宜居的现代农村，农村才能“望得见山，看得见水，留得住乡愁”。

实施生态宜居战略要转变农业发展方式。长期以来，为了解决“吃饭问题”，我国农业生产过程中大量使用化学投入品，也未能充分利用农业废弃物，给生态环境造成了较大的负面影响。在畜禽粪便处理方面，我国每年畜禽养殖产生粪污总量高达40亿吨，排放物化学需氧量达到1 268万吨，但均未得到有效利用。作为“放错位置的资源”，畜禽粪污的资源化处理不仅可以减少环境污染，还可用于生产有机肥料，与化肥配合施用，兼具经济效益、社会效益与生态效益。因此，如何科学处理与高效利用这些“放错位置的资源”，实现畜禽粪污资源化利用，是我国农业绿色转型与发展过程中不得不考虑的重要问题。与此同时，我国秸秆综合利用状况也不容乐观。《2017年东北地区秸秆处理行动方案》提到，到2020年，力争东北地区秸秆综合利用率达到80%以上，并且基本杜绝露天焚烧现象。但目前东北地区秸秆综合利用率仅为66.6%，比全国水平低13.5个百分点。类似地，也有其他数据显示，如果对目前我国尚未得到利用的农作物秸秆进行充分的资源化利用，相当于为我国增加

21%～27%的农业资源[①]。实际上，践行绿色农业发展理念，推行农业绿色生产方式，与建设生态宜居的乡村是不谋而合的。那么，建设美丽宜居乡村就必须转变农业发展方式。

实施生态宜居战略要完善基础设施建设。生态宜居的乡村建设必须从基础设施入手，切实解决农户出行、用电、用水等基本问题，解决农村的生活垃圾处理问题，才能让农村更清洁、更宜居、更便利。公路建设方面，2017年通公路的建制村占全国建制村总数的99.98%，其中通硬化路面的建制村占全国建制村总数的98.35%[②]，基本实现了全国所有乡镇通公路。但是，由于前期建成的公路标准较低，农村公路中沙石路的比例约占70%，若按10年一个周期测算，我国目前有约100万千米公路需要大中修，这占到我国公路总里程的1/4。用电方面，我国全面解决了无电人口问题，但我国农村电网设备相对陈旧落后，电压偏低等问题仍较为严重。农户用水方面，虽然目前我国人畜饮水困难问题基本解决，但是自来水普及率和集中供水率仍有待提高。截至2016年底，全国农村污水处理率仅有22%，仍有1.6亿户的污水未得到处理，而要解决这一问题，仅新建相应设施投资就需1.6万亿元。因此，为更好实现生态宜居，各项基础设施建设仍需加强。

2.2.3 乡风文明是乡村振兴的灵魂所在

习近平总书记2018年3月全国“两会”期间在参加山东代表团审议时指出，要推动乡村文化振兴，加强农村思想道德建设和公共文化建设，以社会主义核心价值观为引领，深入挖掘优秀传统农耕文化蕴含的思想观念、人文精神、道德规范，培育挖掘乡土文化人才，弘扬主旋律和社会正气，培育文明乡风、良好家风、淳朴民风，改善农民精神风貌，提高乡村社会文明程度，焕发

① 朱力志．秸秆综合利用与秸秆产业发展[J]．中国科学院院刊，2017（32）：1125-1132．

② 交通运输部：《2017年交通运输行业发展统计公报》，2018年3月30日。

乡村文明新气象。

乡风文明作为农村的精神文明，既要对古朴民风进行传承，也要融入现代文明风尚。随着大量农民进城务工，城乡生活水平相继得到提升，农村社会文化水平也亟待提高，即在满足人民更高层次的物质性需要、社会性需要的基础上，进一步满足城乡居民特别是乡村居民的精神文化需求。

移风易俗，敦风化俗。倡导文明新风，摒弃铺张浪费、人情攀比、大操大办、封建迷信等陈规陋习。湖南省尝试推行“四会一约”（红白理事会、道德评议会、村民理事会、禁毒禁赌协会、村规民约）制度，并设置专门的监管机构执行相关制度章程。截至2018年4月，湖南全省已有40%的文明村建立了“四会一约”制度，预计到2020年实现全省行政村全覆盖。

丰富乡村精神文化活动。尽管目前先进文化资源开始加速向乡村流动，但乡村文化资源整体仍然不足，具体表现在乡村文化服务基础设施不健全和专业文化人才缺乏等方面。作为全国文明村，山东省潍坊经济开发区双杨街道前阙庄村以旧村改造为契机，积极建造全市一流的文化大院。在文化大院里，已先后举办近百场广场舞大赛、戏曲汇报表演、元旦晚会等文娱活动，有效地将村民凝聚在一起。1988年，徐州市贾汪区马庄村党支部书记孟庆喜投资12万元

江苏徐州马庄村农民乐团

组建一支农民铜管乐队，成立30年来，马庄村的农民乐团累计演出超过6 000场次，已成为马庄乃至徐州市的“文化名片”。

挖掘乡土文化，留住悠悠乡愁。乡愁不仅具有生态意义，还具有文化意义和精神意义。随着城镇化的不断推进，在城市文化的冲击下，传统乡土文化生活的土壤发生了明显改变，许多丰富多彩的民俗文化和已经传承多年的传统技艺都面临消失的危险。在乡土文化的建设过程中，要依据各地资源禀赋、发展有差异的特点，注重发掘本土文化资源，打造特色文化产业品牌。例如，溱潼会船是“国内唯一的、保存最为完整、最具原生态特质的水上庙会”，从1991年起姜堰市政府开始举办溱潼会船节发展至今，溱潼会船已从单一的水乡群众会船活动，演变成一个融文化、民俗、体育、旅游、经贸等多种内涵的民俗会船盛典。

江苏姜堰溱潼会船

2.2.4 治理有效是稳定前进的基石

治理越有效，乡村振兴战略的实施效果就越好。治理有效一方面意味着在乡村治理过程中，将农民进行合理的组织；另一方面，也意味着在乡村发展过程中建立合理的监督机制。尽管随着城市化的推进，传统乡村社会秩序开始瓦解，但乡村社会在传统意义上仍是一个熟人社会。然而现代工业文明要求从业者有良好的组织纪律性，淡化个人之间的关系，这样才便于组织实现大规模生产。因此，在乡村的发展过程中，不仅要依靠村干部或者乡村能人的领导，因地制宜，发展区域特色产业，更要推动传统农业社会有序过渡到纪律严明、组织严密的现代社会。尤其是发展乡村旅游的过程中，无论是基础设施建设和公共设施配套，还是土地的使用、资金的募集与村民民居的统一管理，都需要全体村民的共同参与。可以说，有效的乡村治理就是村民合理组织中最重要的一环。

治理有效能够保障村民的合法权益，遏制基层的不正之风和腐败现象。近年来，浙江等地着眼于从源头上遏制发生在农民群众身边的不正之风和腐败现象，促进农村和谐稳定，在建立和完善村务监督委员会方面进行积极探索，积累了有益经验。以浙江省武义县后陈村为例，该村率先探索建立村务监督机制，连续10年创造村干部“零违纪”、村民“零上访”、工程“零投诉”、不合规支出“零入账”的纪录，真正实现监督看得见、权力管得住、村民做得了主。“四议两公开”工作流程制度、村务工作监督委员会、“三资”情况公开制度等共同组成了乡村治理的自我监督局面，提高了乡村治理的透明度，让村民能够积极参与到乡村治理过程中，且合法权利得到有效保障。

2.2.5 生活富裕是乡村振兴的目标

乡村振兴的核心内容在于提高农户的生活水平，不仅是实现农户增收，更体现在民生方面，要补齐农村在就业、教育、医疗、居住、养老等各方面的短板，让农民能够享受到我国改革发展的成果，过上体面而有尊严的生活。长期以来，农业、农村、农民在极其艰苦的条件下，承受着二元社会结构和工农剪刀差的巨大压力，为中国革命的胜利、国家工业体系的建设和城市化的发展做出了巨大的贡献。但由于长期的不平衡发展，直接导致乡村发展的不充分，城乡之间的“鸿沟”愈来愈大[①]，这直接表现在农村居民和城镇居民的收入差距方面。

① 姚红健：《乡村振兴之生活富裕篇》，中国乡村发现网，2018年3月12日。

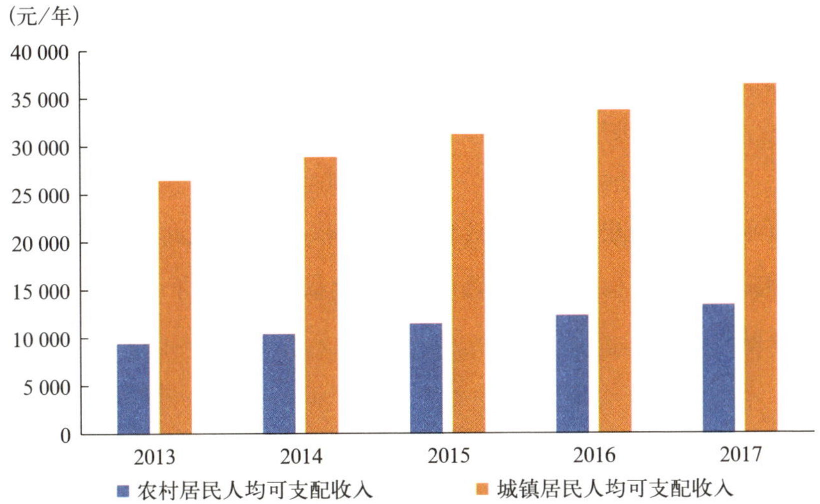

2013—2017年我国居民人均可支配收入变动

数据来源：国家统计局。

生活富裕的关键在于改善民生。主要体现在以下几个方面：一是促进低收入人群增收。党的十八大以来，在精准扶贫、精准脱贫基本方略的指引下，我国贫困地区农民人均收入得到了明显提升。2013—2017年，贫困地区农村居民人均可支配收入年均名义增长12.4%，年均实际增长10.4%（扣除价格因素），实际增速比全国农村平均水平高2.5%。二是加强对困难群体的帮助。对于困难群众、弱势群体的帮扶一直是困扰社会服务的难题，尤其是在大量农村青壮年劳动力进城务工后，留守儿童、留守老人问题日益凸显。2017年，困难群众基本生活保障工作协调机制在全国所有县（市、区）建立，残疾人两项补贴制度共惠及残疾人1 000多万人次；同时，农村留守儿童获得监护的76万人次、登记落户18万名、返校复学1.6万名。三是提高社会保障水平。完善农村社会保障体系，建立城乡一体的“医疗保险—大病保险—特大疾病救助”服务体系，逐渐补齐农村居民在医疗、卫生、教育、养老等方面的短板，缩小城乡居民社会保障差异，使农村居民享受到同等的待遇。

2.3 实施乡村振兴的主要动力——改革和创新

习近平总书记指出，改革开放只有进行时，没有完成时。没有改革开放，就没有中国的今天，也就没有中国的明天。改革开放中的矛盾只能用改革开放的办法来解决。

2.3.1 深化改革——搭建农村发展的“四梁八柱”

从1978年改革开放至今，在过去的40年里，从理想到现实，从理论到实践，从过去到现在，人民更加清晰地认识到“不改革就是死路一条”。从外部来看，经过30多年的快速发展，中国的经济正经历结构调整与转型的阶段；从内部来看，早期改革的红利逐渐减少，受土地、人口、资本等要素限制，农业生产也亟须转变发展方式。

党的十八届三中全会提出了“全面深化改革”的要求，新时期农村改革的大幕正式拉开。在农业方面，全面深化改革主要体现在处理农民和土地的问题、农村经营体制改革的问题以及集体产权制度改革的问题等。在处理农民和土地的问题上，2016年中央一号文件明确了农村承包地落实集体所有权、稳定农户承包权、放活土地经营权“三权分置”的决定。在农村经营体制改革的问题上，在坚持家庭承包经营基础上，培育从事农业生产和服务的新型农业经营主体。在集体产权制度改革的问题上，2016年12月，《中共中央　国务院关于稳步推进农村集体产权制度改革的意见》指出，在明晰农村集体产权、引导农民发展股份合作的同时，改革也注重完善集体产权权能，赋予农民对农村集体资产股份占有、收益、有偿退出及抵押、担保、继承等相关权能。在全面深化改革的基础上，2018年2月《中共中央　国务院关于实施乡村振兴战略的意见》关于深化农村改革工作指出具体方向，并搭建了乡村振兴的“四梁八柱”。

2.3.2 创新驱动——挖掘乡村振兴的新动能

《乡村振兴战略规划（2018—2022年）》指出，坚持市场化方向，优化农村创新创业环境，放开搞活农村经济，合理引导工商资本下乡，推动乡村大众创业万众创新，培育新动能。随着农业供给侧结构性改革的深入推进，“三农”领域创业创新活动普遍开展，农业农村发展新动能逐渐提升，有力推动了“农业增效、农民增收、农村增绿”的乡村振兴新局面。党的十八大以来，农业科技受到高度重视并迅速发展。2017年，我国农业科技进步贡献率已达57.5%，农业耕、种、收综合管理率达到66%以上，主要农作物良种覆盖率稳定在96%左右，超级稻、智能植物工厂、3D打印马铃薯产品等品种和技术均取得良好进展。但是，目前我国农业科技创新体系仍存在诸多问题，突出表现在科技创新主体不强、市场化体制薄弱，以及农业创新成果无法及时有效推广与应用。因此，我国全面提升农业科技创新能力，不仅限于顶层项目设计研发环节，更要确保并带动广大农民参与其中。

我国农村电商发展情况①

① 《如何让农村电商成为乡村振兴新引擎》，经济日报，2018年2月22日。

拓展阅读

构建乡村产业体系重大工程①

（一）电子商务进农村综合示范

在2019年对具备条件的国家级贫困县实现全覆盖的基础上，进一步挖掘具备潜力的县深化农村电商示范工作，逐步培育一批电子商务进农村综合示范县，建设和完善农村电商公共服务体系。

（二）农商互联

推动农产品流通企业与新型农业经营主体对接，通过订单农业、直采直销、投资合作等方式，打造产销稳定衔接、利益紧密联结的农产品全产业链条，加强全国性、区域性、田头市场三级产地市场体系建设。

（三）休闲农业和乡村旅游精品工程

改造一批休闲农业村庄道路、供水、停车场、厕所等设施，树立和推介一批休闲农业和乡村旅游精品品牌，培育一批美丽休闲乡村、休闲农庄（园）、休闲观光园区、国家森林步道、康养基地、森林人家、乡村民宿、乡村旅游区（点）等精品。搭建发布推介平台，开展休闲农业和乡村旅游精品发布推介活动。

（四）国家农村一二三产业融合发展示范园创建计划

到2020年建成300个农村一二三产业融合发展示范园，通过复制推广先进经验，加快延伸农业产业链、提升农业价值链、拓展农业多种功能、培育农村新产业新业态。

（五）农业循环经济试点示范

选择粮食主产区等具备基础的地区，建设20个工农复合型循环经济示范区，推进秸秆、禽畜粪污等大宗农业废弃物的综合利用，推进废旧农膜、农药包装物等回收利用。推动建立农业循环经济评价指标体系和评价考核制度。

---

① 资料来源：中共中央、国务院印发的《乡村振兴战略规划（2018—2022年）》，2018年9月26日。

（六）农产品加工业提升行动

完善国家农产品加工技术研发体系，建设一批农产品加工技术集成基地。促进农产品加工业增品种、提品质、创品牌。大力培育农产品加工业各类专门人才。依托现有农产品精深加工集聚区、产业园、工业区等，打造升级一批农产品精深加工示范基地，促进农业提质增效和农民增收。

（七）农村“星创天地”

打造农村版众创空间，以农业科技园区、新农村发展研究院、科技型企业、科技特派员创业基地、农民专业合作社为载体，利用线下孵化载体和线上网络平台，面向科技特派员、大学生、返乡农民工、职业农民等建设3 000个“星创天地”。

（八）返乡下乡创业行动

研究制定并组织实施农村双创百县千乡万名带头人培育行动方案。整合现有渠道，用3年时间培训40万名农村双创人员和双创导师。创建100个具有区域特色的农村双创示范园区（基地）。实施返乡下乡创业培训专项行动。实施育才强企计划，支持有条件的创业企业建设技能大师工作室。深入推进农村青年创业致富“领头雁”培养计划，培养一批全国农村青年致富带头人。实施引才回乡工程，在返乡下乡创业集中地区设立专家服务基地，吸引各类人才回乡服务。

2.3.3 人才助力——让乡土人才“香”起来

2018年中央一号文件指出，实施乡村振兴战略，必须破解人才瓶颈制约。要把人力资本开发放在首要位置，畅通智力、技术、管理下乡通道，造就更多乡土人才，聚天下人才而用之。

实施乡村振兴战略，破解“三农”问题，根本在于依靠亿万农民。但由于城乡社会经济发展长期存在的差距，以及城市对农村人才较强的“虹吸效应”，致使乡村劳动力流失严重，各种专业人才缺乏，并突出表现在“三农”工作队伍人员不足、视野不宽、年龄老化、素质偏低等方面[①]。因此，要实现乡村振兴，必须要改变人才由农村向城市单向流动的局面，带动乡村人气“旺”起来。

创新创业的“新农人”是农业产业兴旺的重要促进力量。近年来，伴随着农业产业结构调整，中国农业逐步由“传统农业”向“现代农业”转型，对于现代农业生产技术和经营管理知识的需求不断增强。有知识、有眼光和有技能的创业者纷纷投身农业领域，并成为“新农人”的主体。迅速壮大的新型农业经营主体队伍在我国农业经营队伍中所占比重不断提升，必须发挥“新农人”在新产业新业态方面的带动作用，以及在乡村旅游、农产品电商、农业机械化改造等方面的模范示范作用，推动农村成为新阶段创新创业的高地。

案例

为了响应乡村振兴战略，培育一支爱农业、懂技术、善经营的“互联网+新农人”队伍，2018年3月21日，浙江大学全球农商研究院、浙江大学管理学院联合云集共享科技有限公司等企业共同启动实施“乡村振兴千人计划”。这项计划发挥高校的科研技术力量，同时依托电商平台的产业优势，服务农业发展，力争用3年时间培育1 000个依托互联网经营的新型农业经营主体，为社会培育一批互联网时代优秀的“新农人”。云集公司将拨出1亿元专项扶持资金，用于推进该项目以及对新农人的创业扶持。入选千人计划的“新农人”将获得由浙江大学全球农商研究院和云集公司提供的创业培训，培训内容涵盖农业品牌和农村电商运营、农产品标准化生产和品质溯源、知识产权和商标注册等方面。

资料来源：《浙大联手企业培育千名“新农人”获1亿元资金支持》，浙江新闻客户端，2018年3月22日。

---

① 宋海峰：《人才是乡村振兴的源头活水》，江西日报，2018年3月22日。

本村居民尤其是当地青年，是实现乡村振兴的主体人群。对此，应大力倡导本村大学生返乡任职，让土生土长、了解当地实情的人负责开展基层工作。另一方面，当地政府应鼓励在外有所成就的乡绅乡贤告老还乡，为乡村发展带来更多社会资本，形成乡土人才的闭环。在推进乡村振兴建设的过程中，要调动当地村民建设乡村的积极性，引导农户主动参与房屋修葺、农村环境整治等活动，推进休闲农业、乡村旅游快速发展，让农户追求幸福的内生动力转变成乡村振兴的巨大合力，真正实现依靠本土力量建设美丽宜居乡村。

3 城乡融合发展之路

当前，我国社会面临的主要矛盾是人民日益增长的美好生活需要和不平衡不充分的发展之间的矛盾，而这种矛盾又以城乡发展不平衡尤为突出。事实上，党中央历来高度重视城乡关系，为重塑城乡关系，做出过一系列重大调整。2017年，十九大报告明确提出建立健全城乡融合发展的体制机制和政策体系。2018年中央一号文件指出要坚持城乡融合发展的原则，坚决破除体制机制弊端，加快形成工农互促、城乡互补、全面融合、共同繁荣的新型工农城乡关系。2018年在《乡村振兴战略规划（2018—2022年）》中又进一步强调要坚持城乡融合发展。

改革开放40年以来，我国社会经济发展取得了显著成就，但也面临着诸如要素与市场的双重分割、投资与消费的城乡分离、劳动力与户籍的二元分割等问题。上述问题存在的根本原因在于：在城乡二元结构下，城市与乡村发展不平衡、农业与农村发展不充分。新时代，破解城乡二元症结的关键就在于走城乡融合发展之路。着力消灭城乡之间的主次和剥削关系，破除体制机制弊端、打破城乡融合壁垒，实现城乡各有特色、各具功能，但相互依赖需求、共存共荣的新型城乡融合发展之路。

拓展阅读

恩格斯对城乡融合的论述

城乡融合的概念最早由恩格斯提出，他认为城乡融合不仅是解决城市问题的手段之一，更是消灭三大差别，实现人的全面发展的必由之路。“由社会全体成员组成的共同联合体来共同而有计划地尽量利用生产力；把生产发展到能够满足全体成员需要的规模；消灭牺牲一些人的利益来满足另一些人的需要的情况；彻底消灭阶级和阶级对立；通过消除旧的分工，进行生产教育、变换工种、共同享受大家创造出来的福利，以及城乡的融合，使社会全体成员的才能得到全面的发展——这一切都将是废除私有制的最主要的结果。”

资料来源：《马克思恩格斯选集》（第1卷），人民出版社，1995年版。

3.1 城乡关系的历史嬗变

城乡二元关系的确立是一个历史渐变的过程。从历史的长镜头来看，城乡关系侧重于城市，使用的政策手段是乡村支持城市、农业从属工业，发展的基本思路是以牺牲农业农村为代价，换取城市与工业化发展，乡村与城市长期处于不均衡发展状态。但在改革开放以后，随着户籍制度改革和市场经济地位的确立，城乡二元结构关系逐渐打破，城乡关系由对立分割逐渐向互动一体转变。

3.1.1 城乡二元关系的生成（1949—1957年）

新中国成立初期，为了建立独立自主的国民经济体系，国家开始实行“优先发展城市”战略，随着城市工业化的推进，乡村从属城市的关系也正式确立。城镇化的推进要以工业化为支持，为了迅速发展城市经济，建立社会主义工业化体系，1953年制定了第一个五年计划，提出了“一化三改”的总纲领。然而，工业化战略所需的原始积累在城镇不具备，为了缓解城市资本稀缺，当时依靠国家行政手段，确立了一套“乡村支援城市，农业支持工业”的内生性城乡积累路径，路径积累的基本特征是：从乡村中提取资源，从农业中抽取利润，进而推进以重工业为导向的城镇化发展。这个时期确立的城乡关系，主要是基于国内外复杂环境所决定的，就城市与乡村之间的关系而言，集中体现在以下两个方面：

一是城乡劳动力关系失衡。随着党和政府将工作重心由农村转向城市，农村劳动力也获得了相应的流动权，大量农村劳动力涌入城市，支援城市现代化建设。1949—1950年，农村向城镇输送劳动力257万人，到1957—1958年时，劳动力输送量已达974万人[①]。也正因为农村劳动力急速涌入城市，城乡关系出现了深刻变化。此外，1953年党中央正式颁布了《关于劝阻农民盲目流入城市的指示》，明令禁止农民进城就业。但在“优先发展城市”战略导向下，城乡分割的户籍制度并未真正贯彻，农村劳动力流向城镇并未受到实际限制。

二是城乡资源配给关系不均。优先发展城市，意味着乡村从属城市。在城市和乡村位置与力量不对等的条件下，大量农村资源流入城市。资源不对等流动是城乡关系不对等发展的集中体现，而城乡不对等发展的手段是工农产品“剪刀差”。1952—1957年，“剪刀差”相对量从1952年的9.7%增至1957年的16.5%，即农民每创造100元产值，通过“剪刀差”一次性无偿流入工业及城镇16.5元。随着城镇化水平的不断提高，工农“剪刀差”相对量也在逐年增加。从“剪刀差”绝对额来看，1952年工农“剪刀差”绝对额为35亿元，到1957年时已达86亿元，5年间增长了1.46倍[②]。

---

① 宁克平．城市与人——中国城镇化进程及其对策[M]．北京：人民出版社，2009.

② 孔祥智，何安华．新中国成立60年来农民对国家建设的贡献分析[J]．教学与研究，2009（9）：5-13.

3.1.2 城乡二元关系的加剧（1958—1978年）

“二五”期间，经济建设盲目追求高速度，“以钢为纲，全面跃进”在全国迅速铺开。在此期间，随着工业化的极速推进，城镇化也得到了迅速发展，乡村与城市二元关系也进一步拉大，城乡二元格局进一步加剧。

一是农村剩余继续支持城市。1958—1978年，农业实际资本净流出总和高达4 228亿元，平均每年农业部门向工业部门转移净资本达211.4亿元，20年间资本净流出增加了1.6倍，这为以工业为导向的城镇化建设提供了巨大的资本动力。此外，1978年前受国家行政干预，完全意义上的农地非农转换并不明显，但通过考察1958—1978年农业地人比和农业人均GDP，可以发现，农业地人比从1958年的4.24亩下降到1978年的2.78亩，而与农业地人比相反的是农业人均GDP从1958年的82.9元上升到1978年的125.7元[①]，这表明20年间，在农业地人比不断下降的约束下，农村土地对城镇化做出了巨大

① 王展祥．工业化进程中农业要素贡献研究［M］．北京：中国农业出版社，2010．

贡献。

二是城市向农村转嫁过剩劳动力。由于“二五”期间过度依赖“人海战术”，加上违背客观规律的重工业建设，城镇相继爆发了以失业为显性特征的经济萧条，城镇不再吸纳多余劳动力。相反，城镇因工业增密而排斥剩余劳动力，1960—1962年，城镇失业总数达8 536万人。为了缓解苏联外债和国内经济压力，1961年国家提出了“调整、巩固、充实、提高”的八字方针，将“二五”期间盲流到城镇的人群疏散回乡村，由乡村承接因城市工业增密而引发的人口危机。据统计，1966—1978年，城镇累计向乡村转嫁劳动力1 638.88万人，乡村年均容纳城镇劳动力达136.57万人[①]。

3.1.3 城乡二元关系的松解（1979—2000年）

1978年改革开放以后，中国的社会经济发生了巨大的转变。这一时期，随着市场机制的引入和家庭承包责任制的实施，中国的城镇化水平也有了质的飞跃。在这一阶段，最显著的特征就是中国农村揭起了有史以来第一次工业化浪潮——乡镇企业异军突起。与此相联系的是，乡村人口以“离土不离乡”的身份进入乡镇企业，进而转变为产业工人，城乡之间因户籍限制而产生的地缘分割开始松解，城乡劳动力要素开始自由流动。

需要指出的是，乡镇企业的异军突起本质上是通过非农产业和城镇转移，将生产效率低下的农村劳动力加以释放，而这一劳动要素的释放，是保证改革开放以后中国城乡要素自由流动的关键先决。据相关数据统计，“乡村流出人口由1977年估计的6 100万人增加到1999年的8 200万人，其中离开县所在地人口占80%，若考虑漏报因素，实际人数还要多”[②]。这表明劳动力要素已由城市向农村单向刚性输入，转变为劳动力在城乡之间双向流动。此外，这一时

① 国家统计局社会统计司.中国劳动工资统计资料（1949—1985）[M].北京：中国统计出版社，1987；唐茂华.中国不完全城市化研究[M].北京：经济科学出版社，2009.

② 国家统计局.2001中国发展报告——中国的“九五”[M].北京：中国统计出版社，2001.

期，促使城乡二元关系得到松解的根本原因在于土地制度的改革。家庭联产承包责任制的实施，从根本上解放了农村生产力，赋予了农民自主生产、自由经营的决策权，使得农民长期被压抑的生产积极性得到了极大的释放，这成为推动城乡二元关系松解的根本制度保障。

与农村的全面改革相比，以扩大企业自主经营权的城市改革也相继在推进中，城市中的企业不再以中央行政命令为唯一生产依据，企业开始以市场需求为导向，面向市场生产产品。随着市场经济在资源配置中起基础性作用的确立，城市与乡村生产要素可以互通有无。总体而言，改革开放以后，随着农村土改制度改革和乡镇企业的异军突起，以及城市市场经济主体地位的逐渐确立，城市与乡村之间的关系也由过去的绝对不对等向有利于城乡共同发展的方向转变。

3.1.4 城乡二元关系的修正（2000—2010年）

进入新时期以来，城乡二元体制已经成为阻碍社会经济发展的根本性制度障碍。党和国家高度重视城乡一体化发展，先后出台多项举措以打破城乡二元分割壁垒。2002年，党的十六大首次明确提出统筹城乡社会经济发展，把城乡统筹发展提升至国家战略新高度。2003年，十六届三中全会进一步明确了统筹城乡发展。2004年，十六届四中全会明确提出工业反哺农业，城市支持农村，实现工业与农业，城市与农村协调发展。2005年，十六届五中全会进一步支持积极推进城乡统筹发展，全面深化农村改革，实行工业反哺农业，城市支持农村。2007年，党的十七大强调要建立以工促农、以城带乡的长效机制，形成城乡经济社会发展一体化新格局。2010年，十七届五中全会又进一步提出，工业反哺农业，城市支持乡村，夯实农业农村发展基础，建立城乡一体化制度。

为了进一步破除城乡均衡发展障碍，党和国家将深化农村改革作为重点。2006年全面取消农业税，彻底结束了农民种地纳税的历史，从根本上摆正了城市与农村的位置，将农民税收与城市居民税收回归同一起点。2007年提出加快社会主义新农村建设，把城乡发展历史欠账进一步补齐，从生产发展、生活宽裕、乡风文明、村容整洁、管理民主五个方面推进城乡一体化建设。此外，为了均衡城乡发展资源，实现城乡资源要素流动，先后通过城乡医疗一体化建设、城乡户籍制度改革、农村义务教育学费免除等方式，进一步推进城乡一体化发展。进入新世纪以来，城乡关系发展的本质是修正历史上长期农业农村对城市的附属关系，将农业农村重新摆在与城市发展对等的地位，更加强调城市对农业农村的反哺与拉动作用，旨在通过一系列制度改革，打破城乡二元分割壁垒，实现城乡互动一体化发展。

3.1.5 新型城乡关系的确立（2010年至今）

进入21世纪以来，社会主要矛盾发生了根本性变化，城乡关系也随即发生了深刻的转变，这在根本上要求重新认识与定位城市与乡村的发展关系，彻底改变过去农村从属城市，被动接收城市带动与辐射的次居地位，要在尊重乡村独立性和差异化前提下，统筹城市与乡村两个方面、两种资源，以差异化发展路径来突出乡村的比较优势，借此推动城乡关系改革，最终实现城乡关系互动和共存共荣发展。

新起点上，在历史与现实交织的背景下，彻底打破城乡二元分割结构，建立新型城乡融合互动关系是党和政府聚焦的重点。2012年，十八届三中全会提出，推进城乡要素平等交换和公共资源均衡配置。2017年，十九大报告要求建立健全城乡融合发展体制机制。2018年，中央一号文件进一步指出要坚持城乡融合发展原则。

新型城乡融合发展关系的确立，是从我国经济社会城乡协调发展的大局出发，对我国城乡二元结构发展弊端的深刻认识，是我国实现全面建成小康社会目标的前瞻性战略举措。新型城乡融合发展关系的确立，要在以往城乡一体化发展的基础上，按照城市与乡村互补对等的原则，着力改变城乡两类制度设计、两种标准安排的关系格局，坚持城市反哺农业，优先发展农村，建立健全城乡融合发展的机制体制，要统筹城乡要素合理流动、资源均衡配置、制度平等设计。既要保持城市继续发展，也要注重乡村振兴；既要明确城乡优劣，也要看到城乡互补。

拓展阅读

浙江率先进入城乡融合发展阶段

在《统筹城乡发展　推进城乡一体化纲要》指导下，浙江省大力推进统筹城乡发展，加快推进农业产业化、农村城镇化、农民非农化，随着强农惠农富农政策体系和城乡一体化制度框架的构建和完善，浙江城乡发展一体化水平不断提高，率先进入城乡融合发展阶段，特征包括：农村全面小康水平高，农业现代化水平提升，农村基础设施建设广覆盖，农民收入水平高、速度快、差距小，绝对贫困现象基本消除，生态文明建设加强，城乡公共服务更加均等，农村基层党建和乡村社会治理深化，城乡公共资源均衡配置体制基本建立。

3.2 走城乡融合之路的必要性

长期以来，城市与农村一直处于二元分割状态。一方面，农村从属于城市，造成城乡收入差距扩大、资源配给不公、城乡经济发展不均衡；另一方面，城市资源难以反哺农村，造成城市越来越富有，农村越来越贫穷。新形势下，要想缩小城乡收入差距、实现城乡资源均衡配置，避免城乡二元窘境的出现，就必须走新型城乡融合发展之路。

图说

“城镇化与工业化一道，是现代化的两大引擎。走中国特色、科学发展的新型城镇化道路，核心是以人为本，关键是提升质量，与工业化、信息化、农业现代化同步推进。”

“要以人为本，推进以人为核心的城镇化，提高城镇人口素质和居民生活质量，把促进有能力在城镇稳定就业和生活的常住人口有序实现市民化作为首要任务。”

——2013年12月，中央城镇化工作会议精神

3.2.1 农业农村持续发展

进入新世纪以来，我国农业农村发展取得了令人瞩目的成就。城乡关系平等重塑是农业农村发展的内在要求，必须走新型城乡融合发展之路。从粮食生产能力来看，粮食生产已连续稳定在6亿吨以上①，我国用不到世界1/10的耕地生产了世界1/4的粮食，养活了世界近1/5的人口，不仅满足了我们自己的口粮要求，同时也养活了部分世界人口。从农村脱贫人数来看，截至2017年末，全国农村贫困人口为3 046万人，与2012年相比减少了6 853万人；贫困发生率从2012年末的10.2%下降至2017年末的3.1%②。同时，农民收入不断提高，2016年农民人均可支配收入已突破1.2万元③，城乡居民收入之比为2.72，与2012年相比下降了0.16。

在相当长的历史时期中，农村的发展滞后于城市，农村的角色从属于城市，“城市美、农村差，城市富、农村穷，城市强、农村弱”已经成为人们心中亘久的观念。然而，随着社会主义新农村的不断建设以及党的十九大“乡村振兴战略”的提出，农村破败贫乱的状况正在逐渐改善。特别是2018年中央一号文件进一步明确了乡村振兴的指导思想、目标任务和基本原则，将乡村振兴作为久久为功的战略持续推进。截至2017年，99.7%的农户所在自然村已通公路、电、电话、自来水、天然气、宽带网络，全国农田水利基本建设投劳工日182亿个、投放机械14.64亿台（套）、完成土石方539亿立方米，5年新建改建农村公路118.4万千米，2.5亿多农村人口饮水安全问题得到解决④。农村破、败、穷、差的形象已经得到了根本性改变，城市与乡村在基础设施与软件环境上的差距逐渐缩小。

---

① 农业部：《农业农村经济发展形势呈现“六个新”》，新华网，2017年9月29日。

② 数据来源：国家统计局。

③ 农业部：《农业农村经济发展形势呈现“六个新”》，新华网，2017年9月29日。

④《党的十八大以来农村基础设施建设成就综述》，农民日报，2017年10月16日。

在党和政府不断支农惠农，且优先发展农业农村的政策导向下，农业农村与历史上任何时期相比，都已经取得了显著成效。因而，在农业农村不断发展的新形势下，农村要素必然要与城市要素融合对等，实现要素在城乡之间自由流动。而要实现农村与城市要素融合互动，就必须破除城乡二元对立关系，走城乡对等、互补互通的城乡融合之路。

3.2.2 未来依旧有大量农民生活在农村

2018年全国“两会”期间习近平总书记在参加广东代表团审议时强调，将来我国也还会有三四亿人生活在农村，所以农村发展和城市化应该相得益彰、相辅相成。现代化的推进，需要农民主体的参与，现代化成果的分享，需要惠及全体国民。农村地区是农民现在和未来生活的主要地方，城镇化推进的过程中不应当、也不能够忽视农村。据测算，当我国城镇化率达到70%左右时，城镇人口约为10亿，农村人口约为4.3亿；当城镇化率达到75%左右时，城镇人口约为11亿，农村人口依旧有约3.6亿。庞大的农村人口依旧是未来中国的基本国情，现代化的发展理应将农民这一关键主体纳入考虑范围，尊重农民与农村长期存在这一基本事实。

现代化的推进必须要处理好农村与城市的关系，必须要认清农民长期生活在农村这一必然趋势，必须要统筹农村与城市协调发展。但我们依旧需要注意到的是，农村仍然是我国现代化发展进程中最大的短板，农民依旧是脱贫帮扶的重点对象，农业依旧是现代化产业中最弱质的产业。目前我国农村脱贫攻坚形势依然严峻，截至2015年底，我国仍有12.8万个建档立卡贫困村，5 500万建档立卡贫困人口。尽管我国农村居民收入已经普遍提高，但城乡收入差距依旧在拉大，2016年我国城乡居民收入之比仍高达2.72。农村道路、电网、水利等基础设施建设与环境问题已得到了很大的改善，但目前农村脏乱差问题依旧存在，农村基础设施匮乏依旧是制约农村发展的主要瓶颈。

2015年4月，习近平总书记在中共中央政治局第二十二次集体学习时强调，推进城乡发展一体化，是工业化、城镇化、农业现代化发展到一定阶段的必然要求，是国家现代化的重要标志。但同时，由于欠账过多、基础薄弱，我国城乡发展不平衡不协调的矛盾依然比较突出。在农业农村依旧薄弱，未来依旧有大量农民生活在农村的基本现状下，城市反哺农村，工业支持农业，市民带动农民已成为新型城乡关系发展的基本方向。正如习近平总书记强调的，要继续推进新农村建设，使之与新型城镇化协调发展、互惠一体，形成双轮驱动。因此，树立城乡融合发展之路的理念，以城市反哺农业为关键枢纽，推动城乡要素、资源、制度融合衔接，将是提振农村发展，改变农村贫弱现状，建设亿万农民未来幸福家园的必然选择。

3.2.3 农村剩余劳动力加速转移

劳动力在城乡之间加速流动转移为城乡融合发展提供了新的契机。据相关数据显示，2016年我国农民工总量已达28 171万人，比上年增加424万人，增长1.5%。其中，本地农民工11 237万人，比上年增加374万人，增长3.4%；外出农民工16 934万人，比上年增加50万人，增长0.3%[①]。可见，农村剩余劳动力加速转移已成为经济社会发展中的新常态。农村剩余劳动力有效转移不仅解决了城市化进程中劳动力短缺的问题，同时也有利于要素在城乡之间自由流动，有助于城乡融合发展。

事实上，自改革开放以来，随着我国户籍制度改革的不断深化，农村剩余劳动力跨区域转移已经日益活跃，但囿于城乡二元结构的禁锢，农村剩余劳动力外出转移还没有完全形成规模，还不足以形成推动城乡融合发展的后续动力。新时期，随着全面深化改革的不断推进，抑制劳动力在城乡之间自由流动的制度藩篱已逐渐打破，农村劳动力跨区域外出已经成为一种新常态，劳动力

① 张园惠．我国新生代农民工的就业特征、瓶颈与制度改革[J]．改革与战略，2017（33）：155—157.

外出流动必然要求城乡在公共服务、资源配给、社会保障等方面均等提供，而若要资源均等提供必然要走城乡融合发展之路。

农村剩余劳动力加速转移，一方面表现在劳动力跨区域外出，另一方面表现为劳动力回乡返乡。2017年农业部调查数据显示，目前我国各类返乡下乡人员已达700万人，其中返乡农民工比例为68.5%。劳动力返乡回乡是经济增长步入新常态的显著特征，劳动力外出返乡不仅要求农村拥有与城市相近的基础设施，同时也要求农村拥有与城市相近的公共服务。而要想满足这些需求，必须重塑城乡关系，培育城乡互通互融的关系生态，走城乡融合发展之路。

3.2.4 以户籍制度为代表的城乡藩篱进一步打破

目前，城乡融合发展最大的障碍是制度障碍。制度障碍集中表现在户籍制度、土地制度、财政制度、税收制度等方面。而在各种制度中，户籍制度被认为是阻碍城乡融合发展的根本性制度。户籍制度最大的弊端在于，将人口分为城市人口和农村人口，而伴随着人口分类的是权利与福利的城乡二元差别。我国户籍制度是在计划经济条件下形成的产物，但随着城乡要素在比较优势下的自主流动，城乡二元户籍制度的束缚作用逾显明显。

事实上，户籍制度改革一直是城乡融合发展改革的重点。但在经济进入新常态背景下，户籍制度改革已经成为众多改革中亟须深化的重点。2013年《中共中央关于全面深化改革若干重大问题的决定》指出，要“创新人口管理，加快户籍制度改革，全面放开建制镇和小城市落户限制，有序放开中等城市落户限制，合理确定大城市落户条件，严格控制特大城市人口规模”。截至2016年9月，31个省（区、市）均已出台文件，取消了农业户口与非农业户口，建立起统一的居民户口登记制度。

城乡融合发展最基本的问题是实现城乡居民身份统一。目前，户籍制度改革已消除了黏附在二元户籍制度上的权益差异，农村居民和城市居民在社会保障、公共服务、医疗救济等方面已实现均等化，这必然为城乡融合发展提供新契机。

3.3 城乡融合发展之路存在的问题

城乡融合发展并非一蹴而就，而是一个渐进嬗变的过程。从新中国成立初期城乡二元关系的确立，到改革开放以后城乡二元关系的松解，再到新时期新型城乡融合关系的建立，城乡关系总体由对立分割逐渐走向互动融合，但在互动融合的过程中也存在一些问题。

3.3.1 农村公共物品供给不足

尽管从改革开放以来，我国农业农村取得了长足的发展，但农村公共物品供给与城市相比，仍然处于滞后缺失的状态。农村公共物品供给不足，在一定程度上拉大了城市与农村的差距，加剧了城乡之间的二元对立。从供给总量来看，以大众需求最多的教育公共物品为例，据国务院发展研究中心的一项调查表明，我国九年义务教育的经费投入中，78%由乡镇负担，中央财政负担仅占2%不到，乡统筹中70%～80%的经费用于教育开支[①]。可见，我国农村公共物品供给严重不足。从供给结构来看，农村人口约占全国人口的70%，而所获的公共卫生资源不到全国总量的30%。从供给对象来看，农村公共物品在供给时，存在一定的供给偏向，对于样板典型农村，地方政府公共物品供给多，对于落后贫瘠的农村，供给一般较少，造成公共物品供给“马太效应”。

城乡融合发展的前提是城乡居民身份对等与城乡公共物品供给一致。我国的公共物品供给实行“双轨制”：一方面，城市公共基础设施诸如水、电、路、通信、学校、医院、图书馆等等，由国家划拨专款进行建设；另一方面，在人均收入仅为城市1/3的农村，公共基．础设施却由农民自筹资金建设，国家

① 雷晓康，贾明德．有效解决我国农村公共物品供给问题的对策研究[J]．华中农业大学学报（社会科学版），2003（1）：37—41．

仅给予一定补贴[1]。当前我国“双轨制”供给模式下的农村公共产品供给方式，存在诸如供给品种单一、供给质量偏低、供给能力不足等问题。农村公共物品供给不能与城市公共物品供给相同，必然会拉大城乡之间的距离，不利于城乡融合发展。

3.3.2 城乡社会保障存在差异

城乡融合发展需要城乡社会保障均匀一体。当前，我国社会保障制度依旧存在城乡差异化。具体而言，城市居民在医疗、养老、工伤、生育等方面具有健全完善的保障制度，而农村居民社会保障项目却十分缺乏，医疗、养老、生育依旧是农村居民的心头病。城乡一体的社会保障是城乡融合发展的基础，当前以城镇为主的社会保障制度，割裂了城乡公共服务的均等性，不利于城市要素与农村要素互通互融。一方面，社保资源过度集中在城市，城市社保资源全覆盖，农村社保资源覆盖面狭窄，抑制了农民参保入保的积极性；另一方面，社保资源城乡配置不均，进一步拉大了城乡居民身份等级，阻碍了城乡融合发展。此外，当前基本社会保障制度已实现城乡全覆盖，但部分富有含金量的社保政策依旧没有普惠农村，农村与城市社保依旧在质与量上存在明显差异。

3.3.3 管理体制依旧存在城乡分割

城乡关系已从二元对立逐渐走向互动融合，但城乡管理体制依旧存在二元分割现状。事实上，从1978年改革开放以来，我国城乡管理体制一直在朝着城乡一体化的方向改革，但城乡融合发展的陈旧体制机制依旧存在。从城乡规划体制来看，城乡规划依旧存在“城乡分治”特征，城市优先规划，农村滞后

---

① 王玉斌．我国农村公共物品供给的问题与对策探讨[J]．重庆科技学院学报（社会科学版），2007（4）：29-30．

发展。先城市后农村的发展方式必然阻碍城乡要素互通互融，进一步加剧城乡二元分割格局。从收入分配体制来看，收入分配依旧侧重城市居民而轻视农村居民，城乡居民收入分配依旧存在制度上的不公平。从市民化制度来看，农村居民可以到城市打工居住，但要真正在城市落户生根，依旧存在制度设计上的歧视。此外，在土地、财政、税收、住房等方面，城市与乡村也都存在人为的管理体制差异。

3.4 推进城乡融合发展的若干关键举措

《乡村振兴战略规划（2018—2022年）》明确指出要“完善城乡融合发展政策体系”。城乡融合发展要树立城乡一体的观念，以破除城乡二元体制为突破口，以体制机制创新为着力点，以推动要素资源在城乡间合理流动为落脚点，进而实现城乡关系由二元对立向一元融合转变。

3.4.1 破除城乡融合体制机制障碍

二元体制机制是城乡融合发展的首要障碍。对此，一要加快户籍制度改革，统一城乡居民户口登记，彻底改革“二元”户籍模式。一方面要以取消农业户口为改革导向，完善具有户口差异的登记制度，进一步统一城乡居民户口；另一方面要取消不合理的落户条件，根除黏附在户籍制度背后的城乡二元福利，进一步降低落户门槛，重点推进“中小城镇完全放开，大城市积分落户”制度。二要推进农村集体产权制度改革。城乡融合发展的关键在于调动亿万民众建设城乡的积极性，而建设城乡积极性的调动必须要根除农民的后顾之忧——“农村集体产权沉睡问题”。要进一步扩权赋能，重点对农村资源性资产、经营性资产、公益性资产三大类资产进行改革，按照“清产核资、成员界定、资产量化、成立组织”等步骤有序推进。三要优化城乡融合组织机构。传统城市与乡村在推进城乡融合时各部门相互分割、相互掣肘，无法形成融合发展整体合力。新时期，城乡融合发展必须整合现有行政资源，突破现有组织框架，依据城乡融合的新目标，在人事、信息、组织、管理等方面重新优化组合。

3.4.2 夯实农业与农村现代化建设

夯实农业与农村现代化建设是城乡融合发展的基础环节。城乡融合发展的短板在农村，补短板关键在于夯实农业农村“人、财、物”。一是完善农村硬件设施建设。要完善农村水、电、路等基础设施建设，多渠道筹措资金、加大投入，建立高效、合理的农村基础设施建设资金投入机制，把农村基础设施投入放在优先位置，从而为城乡融合提供先决硬件基础。二是强化农村人才培训。城乡融合水平的高低取决于农村居民的文化素质。一方面要健全农村劳动力培训制度，完善政府主导、企业支持、个人自愿、社会参与的培训机制；另一方面要重点提升农村劳动力技能培训，通过多种技能培训，提升农村劳动力走出农村、融入城市的能力。三是提升农村软件建设。城乡融合质量的高低不仅取决于农村物质建设，同时也取决于农村软件建设。要加强农村精神文明建设，提高农民思想道德素质和农村整体文明程度，要重点从“产业、生态、乡风、治理、生活”五个维度出发，提振农村软实力，加快推进城乡融入水平。

3.4.3 健全城乡公共服务覆盖体系

公共服务均等化是城乡融合发展的重要内容。一是加快城乡社会保障制度覆盖面。社会保障制度是撬动城乡融合发展的有效杠杠，要按照“完善制度、提高水平、逐步并轨”的总体原则，建立城乡新型社会保障制度，要将社会保障资源重点向农村倾斜，加快完善城乡统一的基本医疗保险和大病保险制度，通过社会保障制度的全覆盖加快缩小城乡异质差距，助推城乡融合发展。二是优化城乡融合资金投入。一方面要按照城乡融合、资源流动的原则，整合现有的城乡投入资金，将资金对象覆盖全体居民，特别是重点倾向农村居民，并形成长效资金投入机制；另一方面要提升城乡资金覆盖的精准度，强化融合资金的使用管理，避免资金投入只倾向城市。三是完善城乡公共物品服务布局。要重点将公共物品投入农村地区，着力解决农村公共物品质量偏低、数量偏少、结构偏差等问题。此外要完善公共物品在县、乡、村的布局，打造“县、乡、村”三级公共物品投入体系，将高质量的公共物品延伸至乡村层级，实现乡村与城市公共物品均衡布局。

3.4.4 促进城乡资源要素互通互融

城乡资源要素互通有无是城乡融合发展的核心环节。一是建立城乡资源要素平等交换机制。城乡融合发展的过程就是要素在城乡之间流动的过程，要在坚持市场配置要素资源的前提下，充分发挥政府的调控作用，逐步改变城乡资源同类不同价的不合理设置，推动农村资源与城市资源有机衔接，要进一步破除城乡资源歧视性政策，促进城乡技术、信息、人才、土地等要素平等交换流通。二是提升城乡资源要素融合效率。要优先融合中小城镇与农村的资源要素。此外，从地缘层级来看，东部地区的资源要素显然要优于中西部地区，因而优先将东部资源融入中西部地区，能够提高城乡融合效率。三是畅通资源要素互通渠道。城乡资源要素互通有无需要有畅通的融合渠道。要重点促进农村劳动力多渠道转移就业，积极引导龙头企业与小农户、合作社建立利益联结关系，要持续完善农村“土地”“金融”“劳动力”等与城乡融合相关的资源市场，以点带面，通过各种渠道助推城乡融合发展。

4 共同富裕之路

2018年中央一号文件指出，乡村要振兴，生活富裕是根本。要坚持人人尽责、人人享有，按照抓重点、补短板、强弱项的要求，围绕农民群众最关心最直接最现实的利益问题，一件事情接着一件事情办，一年接着一年干，把乡村建设成为幸福美丽新家园。

4.1 体制机制创新发展

4.1.1 深化农村土地制度改革

农村土地制度在中国整个社会制度中占据重要地位，改革中国农村的土地制度，是促进土地资源节约集约利用之必须，是守住耕地红线、保障国家粮食安全之必须，是推进农民工可融入城市化和经济健康发展之必须，是全面推进依法治国之必须，是维护社会和谐稳定之必须，是发展社会主义市场经济、转变政府职能、促进国家治理现代化之必须[①]。

---

① 宋志红．中国农村土地制度改革研究：思路、难点与制度建设［M］．北京：中国人民大学出版社，2017．

新中国成立以来，我国农村土地制度经历了土地改革、合作化运动、人民公社化运动、家庭联产承包、三权分置等一系列的变革过程。纵观土地制度改革历史可以发现，我国农村土地政策的变迁始终围绕着以“所有权和经营权”为核心的产权制度展开，相应经历了“土地私人所有、农民自主经营”“土地集体所有、集体统一经营”“土地集体所有，农户承包经营”三个阶段。自党的十八大以来，党和国家加大了农村土地制度改革的步伐，做出了一系列重要部署。2018年发布的《乡村振兴战略规划（2018—2022年）》提出，要完善农村土地利用管理政策体系，盘活存量，用好流量，辅以增量，激活农村土地资源资产，通过健全农村土地管理制度、完善农村新增用地保障机制、盘活农村存量建设用地等方式保障乡村振兴用地需求。

4.1.1.1 改革农村集体土地所有权制度 当前农村土地所有权制度存在主体虚位、客体范围不明、权能不健全等问题。其中，农村集体土地所有权主体虚位使得农民土地权益易被侵害，严重阻碍了农村土地制度改革进程。因此，深化农村土地制度改革的前提是农村集体土地所有权制度的改革。其总体目标是明晰产权，围绕土地所有权的主体（明确农民集体的内涵、法律地位和运行机制）、土地所有权的标的（明确集体土地所有权的横向和纵向范围）以及土地所有权的客体（明确集体土地所有权的权力与义务范围）三大块展开。具体分为以下几项任务：

全面开展农村土地确权登记颁证，明确具体地域范围和所有权主体。在实践中，在对土地所有权确权时比较普遍地采取了简化形式，有的地方将土地所有权确权给村一级集体，有的地方则确权给村民小组一级。

完善农民集体成员资格认定制度，处理好户籍、成员资格变动、人口增减等与土地权益之间的关系。这是当前改革的难点，佛山市南海区等地的土地股份合作改革则提供了有益的经验。

对农民集体进行法人化改造，赋予农民集体特殊法人人格，并类比公司治理结构，构建农民集体法人的机关和运行机制，使其成为民法上适合的所有权主体，对内能够充分反映农民集体法人成员的意志，对外具有独立的法人人格并能够有效履行土地所有者职责。

丈量耕地

4.1.1.2 改革集体经营性建设用地使用制度　我国现行法律有关集体建设用地使用制度的规定几乎把“农民集体”的土地排除在了城镇化和工商业建设之外。在城镇化进程中，城市范围不断向外扩张，原“农村集体”的土地不断地被纳入城市范围进行工商业建设，但农民无法直接参与这一市场化过程，这些土地都必须先被征收为国有土地，然后用于城市建设，“农民集体”也因此失去土地所有权。这种征地供给模式具有鲜明的计划经济特征，曾为我国经济建设尤其是城镇基础设施建设做出巨大贡献，但随着时间的推移和环境的变化，这一模式积累的社会矛盾越来越多，改革集体建设用地使用制度的呼声越来越高。

早在20世纪90年代，一些地方政府就已意识到集体经营性建设用地入市改革的重要性，在实践中摸索集体建设用地流转改革。国务院在安徽、广东、上海等地进行的集体建设用地流转试点工作基础上不断总结经验。2008年党

案例

佛山市南海区土地股份合作改革案例

20世纪90年代初，佛山市南海区农村经济和社会发展面临着一些亟须解决的问题：传统农业要向现代农业转变，农业结构性调整，农业产业化经营是必由之路，二三产业的迅猛发展，需要土地开发和吸纳农村富余劳动力，农村富余劳动力也需要寻求就业出路，增加非农收入；日益壮大的农村集体资产需要加强管理，使农村集体资产保值增值；城乡一体化建设中的“征地难”“统一规划难”的问题需要解决。上述一系列问题的焦点是土地问题，土地相对固化成为阻碍农村经济和社会发展的最大障碍。为解决农村经济和社会发展的体制障碍，南海区开始推行农村土地股份经济合作制改革。

这场改革经历了1992至1993年6月的试验探索、1993年6月至1994年的全面推广和1994年后到现在的完善提高这三个阶段。具体做法包括“三区规划”，清产核资，资产量化，确定配股人员，合理配置股权，集体资产经营及收益进行分配等。经过多年的努力，改革取得了一系列成效：促进了农业规模经营和农业产业结构调整，提高农业经济效益；促进了农村劳动力转移和二三产业全面发展；进一步明晰了农村集体资产的产权；有效地保护了农民利益；促进了农村经济体制的创新。

的十七届三中全会《关于推进农村改革发展若干重大问题的决定》确认了集体建设用地流转的改革方向，将农村集体建设用地区分为公益性建设用地和经营性建设用地，并指明城镇建设用地范围之外依法取得的农村集体经营性建设用地可进入市场流转，作为土地所有者的农民集体可以直接和用地者进行市场化的交易，不再经过国家的征地过程。2015年1月，《关于农村土地征收、集体经营性建设用地入市、宅基地制度改革试点工作的意见》由中共中央办公厅和国务院办公厅联合发布，集体经营性建设用地入市试点正式从中央层面开启。

2018年中央一号文件提出要系统总结集体经营性建设用地入市改革试点经验，逐步扩大试点，扎实推进房地一体的农村集体建设用地确权登记颁证，加快土地管理法修订，完善农村土地利用管理政策体系。

4.1.1.3 改革宅基地管理制度　宅基地直接担负着农民安居的社会保障功能，它被无偿分配给农民使用，其使用权具有无期限性。目前国家制定的一些限制性规定将宅基地使用权和宅基地上房屋的取得和使用对象限定为本集体经济组织的农民，禁止宅基地使用权和宅基地上的房屋对外流转。宅基地的抵押也为现行法律所禁止。在城镇化快速发展的时代背景下，大量农民进城务工甚至定居城市，但他们的宅基地只能在本集体经济组织内部流转，可流转的市场很小且封闭，由此造成大量宅基地闲置浪费，使得其财产价值无法发挥，资产价值无法实现。例如，2016年底武汉市73万套农村房屋，长期空闲的占到了15.8%。此外，还存在违法违规占用宅基地等问题。

改革宅基地制度，首先要扎实推进宅基地使用权确权登记颁证，在确权登记的同时，加大对违法违规占用宅基地的情形进行查处和清理，解决历史遗留问题。其次，完善农民闲置宅基地和闲置农房政策，探索宅基地所有权、资格

权、使用权“三权分置”，落实宅基地集体所有权，保障宅基地农户资格权和农民房屋财产权，适度放活宅基地和农民房屋使用权。最后，严格实行土地用途管制，不得违规违法买卖宅基地，严禁下乡利用农村宅基地建设别墅大院和私人会馆①。

4.1.1.4 改革农村征地制度 农村集体土地征收制度改革与集体经营性建设用地入市改革是相互促进、共同推进的关系。具体来看，需要从征收范围、征收补偿、征收程序三个方面进行改革。

确定征收范围。在确定征地范围中普遍面临公共利益的界定、判断和事后控制等问题。针对这一问题，可采用“类型列举+兜底条款”的模式对公共利益进行界定，设定公共利益判定机制来判定是否属于公共利益，并将这一判定机制纳入司法程序。在核定为公共利益而实施征收之后，需要设立相应的事后控制机制以确保被征土地确实用于核准的公共利益项目，并建立征收后违反公共利益用途的土地权利回复和违法行为惩罚机制。当前，逐步缩小征地范围是征地制度改革的趋势。

完善征收补偿机制。征地补偿是征地制度改革中最核心的问题，也是改革的难点。当前的征地补偿机制存在的问题包括：集体征地的补偿安置标准不够科学，补偿范围过窄、补偿费用过低、补偿方式单一；征地补偿的受偿主体不明确；对应该作为补偿核心内容的被征收财产价值本身的补偿明显不足等。改革试点尝试将社会保障功能从征收补偿中剥离，将符合社会保障或社会救济条件的被征地农民纳入社会保障或社会救济范围，建立以财产的公平市场价值为核心的征收补偿标准，按照被征收土地和房屋的公平市场价值充分补偿被征地农民的财产损失。在补偿款的分配上，按照权力归属原则处理好土地所有权人与土地承包经营权人、宅基地使用权人、集体经营性建设用地使用权人等用益物权人以及土地承租人等之间的关系。

---

①《中共中央 国务院关于实施乡村振兴战略的意见》，2018年中央一号文件，2018年1月2日。

完善征收程序。征收程序关系到制度改革的实际效果，是征地制度改革流程中的重要环节。对此，应完善征地程序启动前的社会稳定风险评估机制；在现有征收程度中赋予征收申请人应有的地位，合理界定被征收财产转移的时间；完善信息公开和被征收人参与机制，切实保障被征收人的知情权和参与权；完善征地纠纷解决机制，将征收决定和征收补偿决定均纳入司法审查范围。

4.1.2 推进农村集体产权制度改革

农村集体产权制度改革是继“三权分置”后的又一重大改革。实施农村集体产权制度改革有利于增加农民财产性收入；有利于增强农村集体经济发展的活力，发展农民股份合作等多种形式的联合和合作；有利于激活农村各类要素的潜力，完善现代农业的经营体系，增添农业农村发展的新动能。党的十八大及十八届三中、五中全会以来，中央高度重视农村集体产权制度改革，要求守住底线、试点先行，再由点及面、深化改革。

4.1.2.1 试点先行，探索路径　　2014年9月，中央全面深化改革领导小组第五次会议审议通过《积极发展农民股份合作赋予集体资产股份权能改革试点方案》，提出要针对现存的产权归属不明晰、权责不明确等问题，探索建立赋予农民更多财产权利、产权归属明晰、各项权能完善、激发农村生产要素潜能、符合市场经济要求的农村集体经济运营新机制。该试点改革工作于2015年5月在全国东、中、西部分区域29个县（市、区）正式实施，2017年农业部又新增100个县（市、区）作为改革试点单位。

该项试点改革在2017年底完成，3年来取得了明显成效：

完成改革的基础性工作——开展集体资产清产核资，明晰了农村集体产权关系。29个试点县均开展了清产核资工作，全面搞清镇村组三级集体资产的存量、价值和使用情况，按照资源性、经营性和非经营性三类资产分别建立台账，纳入监管平台，并在县乡经管部门备案。

解读

《积极发展农民股份合作赋予集体资产股份权能改革试点方案》节选

保障农民作为集体经济组织成员的权利。重点探索界定农村集体经济组织成员身份的具体办法，建立健全集体经济组织成员登记备案机制，依法保障集体经济组织成员享有的土地承包经营权、宅基地使用权、集体收益分配权，落实好农民对集体经济活动的民主管理权利。

积极发展农民股份合作。在坚持家庭联产承包责任制的基础上，在保护农民合法权益、尊重农民意愿的前提下，发展多种形式的股份合作，探索建立符合中国特色社会主义的农村集体产权制度。要按照“归属清晰、权责明确、保护严格、流转顺畅”的现代产权制度要求，从实际出发，进行农村集体产权股份合作制改革。

赋予农民对集体资产股份的占有、收益、有偿退出及抵押、担保、继承权。根据不同权能分类实施，积极开展赋予农民对集体资产股份的占有权、收益权试点，建立健全农村集体资产股权台账管理制度和收益分配制度。有条件地开展赋予农民对集体资产股份的有偿退出权、继承权试点，尊重集体成员意愿，明确条件、程序。慎重开展赋予农民对集体资产股份的抵押权、担保权试点，试点要在制定相关管理办法的基础上开展。

完成改革的关键性工作——确认集体经济组织成员身份，解决了成员边界不清的问题①。29个试点县全部开展了成员身份确认工作，其中23个县村组全覆盖、应确尽确，其他县在试点村开展。

完成改革的重点工作——积极发展农民股份合作，创新了集体经济发展机

① 董峻：《农村集体产权制度改革试点明年将增至300个》，新华网，2017年12月1日。

制。股权设置以成员股为主，股权管理提倡不随人口增减而变动的方式。将农村集体经营性资产折股量化到人，落实到户，据此参与集体分红。

完成改革的核心工作——赋予农民对集体资产股份权能，保障了农民财产权益。赋予农民对集体资产股份占有、收益、有偿退出及抵押、担保、继承权[①]，各试点县对这六项权能分类开展了试点。

完成改革的重要一环——建立健全集体经济组织，创新了基层治理机制。各试点县均指导改革后的村（组）成立新型农村集体经济组织，一般称为经济合作社或者股份经济合作社。

4.1.2.2 由点及面，改革深化　在试点先行、摸索经验之后，中共中央、国务院于2016年12月联合印发《中共中央国务院关于稳步推进农村集体产权制度改革的意见》，就如何推进改革进行了总体部署。2017年党的十九大在此基础上进一步强调“深化农村集体产权制度改革，保障农民财产权益，壮大集体经济”。从“稳步推进”到“深化改革”，改革力度持续加大，内容日渐丰富，要求不断提高。

第一方面，继续推动农村集体产权制度改革向纵深发展。这主要是对29个试点县提出的要求。在前期试点的基础上，各试点县按照“缺什么、补什么”的要求，与中央最新精神相衔接，分别在完善集体资产股份权能、增加集体经济活力和动力、促进农村要素流转等方面继续大胆探索、创新和突破。

第二方面，不断推进农村集体产权制度改革在面上铺开。这主要是对各省提出的要求。农村集体产权制度改革的时间表和路线图已经明确，各地结合党的十九大精神，把农村集体产权制度改革放在实施乡村振兴战略的大局中统筹谋划，做好改革基础性工作，不断扩大改革覆盖面，确保改革在面上铺开。

具体来说，深化改革需要完成的目标任务：

---

① 师高康．试点引导稳步推进农村产权制度改革[J]．农村财务会计，2014（11）：4-6.

一是全面开展清产核资。这是改革开放以来，全国统一部署的第二次农村集体资产清产核资工作，也是规模最大、覆盖面最全的一次。该项工作于2017年开始，2019年底要基本完成。

二是扩大改革试点范围。前期已分两批在129个县开展试点，有些省份也自行选择了部分县和村进行改革试点。2018年将继续扩大改革试点覆盖面，将县级试点增加至300个，再另择地市级和省级试点50个进行整省整市试点，同时鼓励地方结合自身实际情况扩大改革范围①。

三是发展壮大集体经济。改革的最终目的是发展，通过改革农村集体产权制度，建立健全集体经济组织，创新集体经济运行机制，探索集体经济发展路径，促进集体经济进一步发展。

4.1.3 完善农业支持保护制度

自新中国成立以来，我国农业支持保护政策可大致分为三个阶段——农业支持工业阶段（1949—1992年）、农业与工业平等发展阶段（1993—2003年）和工业反哺农业阶段（2004年至今）。目前已初步形成以价格支持为基础，以直接补贴和一般服务支持等功能互补、综合补贴和专项补贴相结合的农业补贴政策框架②。确立农业支持保护制度的初衷是在有限的财政预算下尽可能地保障国家粮食安全，在全球粮食价格剧烈波动的背景下，它对稳定国内粮食生产发挥了重要作用。但国内农业供给侧结构性改革不断深入，其缺陷也逐渐暴露出来：非对称价格支持机制扭曲了市场对资源的优化配置，也干扰了政府作用的发挥；农业支持保护制度带来的相关利益在土地流转背景下析出为地租，并未对规模农业的生产经营主体产生保护作用，阻碍了农业竞争力的提升；挂钩方式不仅容易触发WTO“黄箱补贴”的天花板，同时也不能满足人民日益增

① 董峻：《农村集体产权制度改革试点明年将增至300个》，新华网，2017年12月1日。

② 乔金亮：《方寸粮票见证粮食增产》，经济日报，2013年12月24日。

长的美好生活需要[①]。

4.1.3.1 深化农产品收储制度和价格形成机制改革　从2004年开始，针对粮食市场价格的大幅波动，为保护农民利益，提供稳定的市场环境，我国开始对稻谷和小麦实施最低收购价政策；2008年世界金融危机后，国家陆续对玉米、大豆、油菜籽、棉花等农产品实施了临时收储政策。这些政策在保护农民利益、调动农民生产积极性等方面发挥着重要作用，但在连续实施多年后，其弊端凸显出来，托市收购政策扭曲了市场价格信号，影响了各类市场主体的预期和经营行为，形成了高价格、高补贴、高库存、高进口的畸形现象。此外，还导致农产品种植结构失衡，下游加工企业成本大幅上升，财政负担难以为继，也削弱了我国农产品的市场竞争力。

① 胡冰川，杜志雄．完善农业支持保护制度与乡村振兴[J]．中国发展观察，2017（24）：22-24，28.

2014年，我国开始进行主要农产品价格形成机制和粮食收储制度的改革，经过党和政府几年的不懈努力，改革工作已取得初步成效。一是改变了价格扭曲现象，使市场机制发挥重要作用。引导生产者按市场需求调整优化种植结构，产区得到优化。带动粮棉生产布局调整，推进农业供给侧改革取得突破。二是政府对生产者实行补贴，保护其利益和积极性。也使财政补贴更加有效和精准，减少了大量财政补贴。三是促进农产品质量的提升。价格形成机制改变使农产品质量不断上升，倒逼品质和效益提高，如新疆棉花的品质在农产品价格形成机制改革后得到了提升。四是降低了加工企业的生产成本，扩大了下游产品的消费需求。如棉花目标价格改革带动了棉花生产、加工、流通和纺织等全产业链发展，提升了国产棉花的市场竞争力。五是合理调整了棉花、玉米等产品的进口规模和结构，减少了进口，促进了国内供求的平衡。

玉米作为粮食收储制度改革的先行者，其价格市场形成机制已经构建，国家粮食局局长张务锋在2018年召开的全国粮食流通工作会议上指出，玉米价格形成机制现已形成，种植结构优化，加工企业全面激活，改革效益比预期的更好。对于稻谷和小麦，早在2015年，国家有关部门在坚持最低收购价政策框架的前提下，不再上调稻谷价格，逆转了多年来稻谷价格只升不降的趋势，2016年稻谷、小麦最低收购价水平开始得到适当调整①。机制的不断完善，使得稻谷、小麦的价格倾向于市场调控，不仅保护了农民利益，也维持了供需的平衡。

4.1.3.2 健全粮食主产区利益补偿机制 早在2013年国务院就已经提出完善粮食主产区利益补偿机制，要求建立健全农业投入增长、生态补偿、粮食产业发展保护等机制，提高中央财政对粮食大县的奖励资金，同时将新增农业补贴向粮食主产区和优势产区集中。现阶段是推进农业供给侧结构性改革的关键时期，财政支农投入机制改革是重点方向，要探索建立涉农资金统筹整合

① 刘慧：《粮价由“政策市”迈向“市场市”》，经济日报，2018年2月6日。

长效机制，落实以绿色生态为导向的农业补贴制度①，同时也迫切需要出台完善粮食主产区利益补偿机制的相关意见。

4.1.3.3 探索开展三大粮食作物完全成本保险和收入保险试点 完善农业保险保障，可有效降低农户因灾致贫、因灾返贫的风险。近年来，我国农业保险业务持续保持较快增长，但相对而言仍较粗放，粮食作物保障水平不高，经济作物覆盖面小，同时保险品种需要增加，保障水平有待提升。2018年中央一号文件提出“探索开展稻谷、小麦、玉米三大粮食作物完全成本保险和收入保险试点，加快建立多层次农业保险体系”。《乡村振兴战略规划（2018—2022年）》提出，鼓励开展天气指数保险、价格指数保险、贷款保证保险等试点。健全农业保险大灾风险分散机制。发展农产品期权期货市场，扩大“保险+期货”试点，探索“订单农业+保险+期货（权）”试点。

4.2 促进劳动力转移就业

农村富余（闲置）劳动力转移就业，有利于增加农民收入，发展现代农业，是解决“三农”问题的重要途径，也与我国的城镇化进程密不可分。目前农村劳动力转移就业主要有三种：第一种是劳动力就地转移转入到非农产业部门，“离土不离乡”；第二种是劳动力的季节性转移，农忙时务农，农闲时务工或经商；第三种是“跨地域流动转移”，真正背井离乡，进城务工，完全脱离农业转移到其他产业。

4.2.1 健全覆盖城乡的公共就业服务体系

随着我国经济的发展，城镇产业结构升级对农村转移就业劳动力的素质和

① 《国务院关于探索建立涉农资金统筹整合长效机制的意见》（国发〔2017〕54号），2017年12月21日。

技能提出了更高的要求。然而农村劳动力的文化素质偏低，转移就业的劳动技能水平层次较低，法制观念和自我保护意识不强，不习惯机器大生产的工作环境和严格的工作时间安排等因素制约了农村劳动力的转移就业。需不断完善覆盖城乡的公共就业服务体系，加强农村转移就业人口的职业教育和技能培训，才能从根本上为农村劳动力的顺利转移提供有力保证。

健全覆盖城乡的公共就业服务体系，一方面，应充分发挥公共就业服务机构特别是基层平台的作用，主动为建档立卡农村贫困劳动力提供政策咨询、岗位信息、职业指导和职业介绍等服务。完善公共就业服务制度，加强基层平台建设和信息化建设，为包括农村劳动者在内的各类劳动者免费提供职业指导、职业介绍、岗位信息等基本公共就业服务①。

另一方面，大规模开展职业技能培训。2014年，人力资源和社会保障部

① 邱小平．积极促进农村贫困人口转移就业[J]．行政管理改革，2016（7）：11-15.

启动实施“春潮行动——农民工职业技能提升计划”，旨在提升农民工职业技能，自实施以来每年培训规模都达到了1 000万人次左右，成效显著。2015年国务院扶贫开发领导办公室会同教育部、人力资源和社会保障部制定出台《关于加强雨露计划支持农村贫困家庭新成长劳动力接受职业教育的意见》，旨在加强贫困人口技能培训，对建档立卡农村贫困家庭子女接受职业教育，按每一个学生每年3 000元左右的标准给予补助，自实施以来已惠及了中西部50万户建档立卡贫困家庭。

4.2.2 深化户籍制度改革

深化户籍制度改革，促进有条件、有意愿、在城镇有稳定就业和住所的农业转移人口在城镇有序落户，依法平等享受城镇公共服务[①]，使农村劳动力实现真正稳定的转移就业。

《乡村振兴战略规划（2018—2022年）》指出：首先，要健全落户制度，鼓励各地进一步放宽落户条件，除极少数超大城市外，允许农业转移人口在就业地落户，优先解决农村学生升学和参军进入城镇的人口、在城镇就业居住5年以上和举家迁徙的农业转移人口以及新生代农民工落户问题，区分超大城市和特大城市主城区、郊区、新区等区域，分类制定落户政策。其次，要保障享有权益，不断扩大城镇基本公共服务覆盖面，保障符合条件的未落户农民工在流入地平等享受城镇基本公共服务。通过多种方式增加学位供给，保障农民工随迁子女以流入地公办学校为主接受义务教育，以普惠性幼儿园为主接受学前教育。最后，要完善激励机制，维护进城落户农民土地承包权、宅基地使用权、集体收益分配权，引导进城落户农民依法自愿有偿转让上述权益，加快户籍变动与农村“三权”脱钩，不得以退出“三权”作为农民进城落户的条件，促使有条件的农业转移人口放心落户城镇。

---

①《中共中央　国务院关于实施乡村振兴战略的意见》，2018年中央一号文件，2018年1月2日。

4.3 促进农民增收

从2013年起，国家统计局开展了城乡一体化住户收支与生活状况调查，与2013年之前分城镇和农村住户调查的调查范围、调查方法、指标口径均有所不同。按新口径计算，农村居民人均可支配收入由2013年的9 430元增加至2016年的12 363元，尽管上升趋势明显，但与城镇居民人均可支配收入相比仍然存在较大差距。

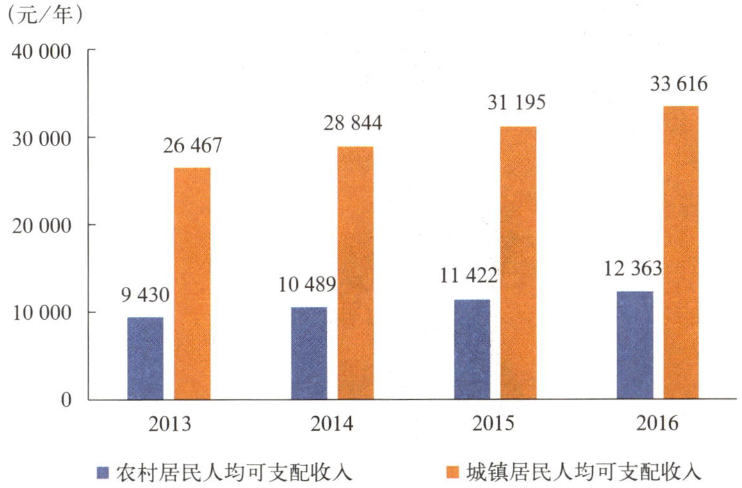

2013—2016年农村与城镇居民人均可支配收入

4.3.1 提高农民文化素质

培养有文化、懂技术、善经营的高素质农民，构建知识型、技能型、创新型农业经营者队伍，提高农民的整体素质，使其具备广博的农业科技知识、长远的市场眼光，对于增加农民收入意义重大。各级党委、政府必须对此足够重视，统一领导和部署农民教育培训和科技普及工作，将教育经费纳入公共财政预算，确保资金落实到位。

中年农民一般是种植、养殖、经营的主力军，因此要重点抓好对此类人群的教育工作，务必做到求真务实，可以技术培训为主、文化教育为辅或二者相结合，采取“场园+学校”“技术资料+实践操作”“宣讲+答疑”等多样化方式，切实提高培训效果。同时，要有效发挥农村科技服务机构的作用，推广普及新技术、新产品，探索出一条示范、推广、服务相结合，产前、产中、产后服务相结合的新路子。重视农村党支部和村委会成员的教育，既要提升其政治理论水平，又要提升其致富能力，并充分发挥其引导作用，带领广大农民走向共同富裕之路[①]。

4.3.2 优化农业产业结构

受地域影响，各地农村在自然条件、资源禀赋上差异较大。政府在选择当

① 李华：《“三农”的出路：提高农民的科学文化素质》，人民网，2010年1月21日。

地支柱产业时，要因地制宜，充分考虑自身条件，广泛听取农民意见，大力培育当地优势特色产业，如茶叶、蚕桑、花卉苗木、食用菌、中药材等，助其提质增效，把地方土特产和小品种做成带动农民增收的大产业[①]。此外，龙头企业的发展壮大有利于推进农业产业化、农村工业化，既能解决富余劳动力转移问题，又能带动农民收入快速提高，因此政府在优化产业结构过程中还要做好主导产业扶持工作，鼓励和培育当地龙头企业，给予一定的政策及资金支持。

4.3.3 加快农村土地流转

农村土地流转是促进农民增收的重要手段。一方面，对于土地出让方而言，财产性收入和工资性收入都有所增加，农民通过转包、租赁、入股等方式进行土地流转，每年可以土地流转租金、股权或红利等方式获得一笔固定的收益。同时，土地流转将大量农村劳动力解放出来，农民可选择进城务工获取工资性收入。对于土地流入方而言，通过流转可获得相对集中的土地，实现规模经营，提升农业的整体效益。土地流转可以达到二者“双赢”的效果。

目前农村土地流转仍然存在流转行为不规范、农民权益缺乏保障、规模流转比较困难[②]等问题，因此要进一步加强宣传，提高农民对于土地流转的认知，给他们吃下“定心丸”；认真做好土地确权、登记、颁证等工作，为流转行为奠定良好的基础，避免发生矛盾与纠纷；完善相关制度，规范流传程序，搭建流转服务平台，确保流转信息公开化、透明化，引导农村土地有序流转。

① 《中共中央国务院关于深入推进农业供给侧结构性改革加快培育农业农村发展新动能的若干意见》，2017年中央一号文件，2017年2月5日。

② 《杨莉代表：关于加快农村土地流转的建议》，人民论坛网，2016年3月12日。

4.4 加强农村社会保障体系建设

4.4.1 优先发展教育事业

当前我国农村教育结构和布局不尽合理，城乡教育发展不平衡，贫困地区、农村地区教育发展滞后，技能人才培养与乡村发展需要不匹配。2018年中央一号文件对此进行了宏观布局，提出发展农村学前教育。推进农村普及高中阶段教育，支持教育基础薄弱县普通高中建设。加强职业教育，逐步分类推进中等职业教育免除学杂费。健全学生资助制度，使绝大多数农村新增劳动力接受高中阶段教育、更多接受高等教育。把农村需要的人群纳入特殊教育体系。《乡村振兴战略规划（2018—2022年）》还提出，积极发展“互联网+教育”，推进乡村学校信息化基础设施建设，优化数字教育资源公共服务体系。

发展农村学前教育。良好的学前教育有利于幼儿身心健康、智力发展，应加大对贫困地区、民族地区学前教育薄弱环节的扶持力度。充分利用中小学布局调整富余的校舍和教师，举办幼儿园改扩建、新建幼儿园；进一步加大政府资金投入，针对经济困难无法入园的幼儿给予适当补助，着力保证留守儿童入园（班），并发挥乡镇中心幼儿园对村幼儿园的示范指导作用。

重视农村义务教育。自2006年起，国务院实施农村义务教育经费保障机制改革，全面免除了农村义务教育阶段学生的学杂费与书本费，补助家庭经济困难寄宿学生生活费，农村义务教育保障水平不断提高。以改善农村义务教育水平为重点促进教育公平，推动教育资源向农村地区倾斜，向边远、贫困、民族地区及中西部地区倾斜。改善农村留守儿童接受义务教育状况，办好农村必要的教学点，统筹解决好一些地方农村学校“空心化”、县镇学校“大班额”问题。

普及农村高中阶段教育。十九大报告明确提出“普及高中阶段教育，努力让每个孩子都能享有公平而有质量的教育。”“使绝大多数城乡新增劳动力接受高中阶段教育、更多接受高等教育。”为普及农村高中阶段教育，应建立健全精准有效的教育资助体系与信息管理系统，完善相关国家助学金制度及助学贷款政策，优先保障特殊困难群体，对于家庭经济困难的学生实行自主全覆盖，确保应助尽助。同时，加强与扶贫、人口、民政等部门信息系统的对接。

发展农村职业教育。我国地域辽阔，乡村类型复杂多样，省、市、县各级政府应针对实际情况对农村职业教育工作承担不同的责任。省级政府要根据行政区划、产业布局、人口流向等，将农村职业教育特别是县级职教中心的规划纳入省国民经济和社会发展规划，扩大省级财政转移支付力度。市级政府要统筹谋划各县域农村职业学校布局。县级政府要统筹配置各职业教育和培训资源，鼓励农村职业学校特别是县级职教中心实现学历教育、短期培训、科学实验、技术推广、生产经营示范等多功能发展①。

完善农村特殊教育体系。推动特殊教育学校和残疾儿童康复机构积极创造条件，开展残疾儿童学前教育，全面普及残疾儿童少年义务教育，加快发展以职业教育为主的残疾人高中阶段教育。完善高等学校和职业学校招收残疾学生政策，逐步健全特殊教育课程教材体系。实行轻中度残疾学生随班就读，中重度残疾学生在特教学校就读，为极重度残疾学生送教上门。促进教育与康复相结合，注重残疾学生潜能开发和缺陷补偿，强化职业素养和职业技能培养，促进残疾学生更好融入社会②。

4.4.2 完善医疗体系建设

基本医疗保障制度是社会保障体系的重要组成部分。2002年10月《中共中央　国务院关于进一步加强农村卫生工作的决定》发布，明确提出各级政

① 张志增．实施乡村振兴战略与改革发展农村职业教育［J］．中国职业技术教育，2017（34）：121－126．

②《国务院关于印发国家教育事业发展“十三五”规划的通知》（国发〔2017〕4号），2017年1月19日。

府要积极引导农民建立以大病统筹为主的新型农村合作医疗制度。它由政府组织、引导、支持，农民自愿参加，采取个人缴费、集体扶持和政府资助相结合的方式筹集资金。2009年，我国做出深化医药卫生体制改革的重要战略部署，确立新型农村合作医疗（以下简称“新农合”）作为农村基本医疗保障制度的地位。新农合在保障农民获取基本卫生服务、缓解农民因病致贫和因病返贫等方面发挥了重要的作用。它与城镇居民基本医疗保险（以下简称“城镇居民医保”）制度、城镇职工基本医疗保险（以下简称“城镇职工医保”），一起组成了我国基本医疗保险体系，形成了“三足鼎立”的局面。

多年来，新农合、城镇居民医保、城镇职工医保“三保”各自为政。其中，人力资源和社会保障部管理城镇职工和居民医疗保险，国家卫生和计划生育委员会管理新农合，上述模式导致管理制度条块分割，分轨运行造成重复投资，增加管理成本。同时，新农合和城镇居民医保这两项制度中城乡分割的弊端逐步显现，报销待遇不同，造成重复参保，继而造成重复补助，损害了医保制度的公平性原则，增加了财政的不合理负担。

造成这些问题的一个重要原因就是体制机制没有理顺，制度设计不协调，经办机构各成一体，参保信息难以实现资源共享。为深入推进医疗卫生体制改革、实现城乡居民公平享有基本医疗保险权益、促进社会公平正义和城乡经济社会协调发展，在总结城镇居民医保和新农合运行情况以及地方探索实践经验的基础上，党中央、国务院明确提出整合城镇居民医保和新农合两项制度，建立统一的城乡居民基本医疗保险制度[①]。2016年中央一号文件提出整合城乡居民基本医疗保险制度，适当提高政府补助标准、个人缴费和受益水平。2017年整合城乡居民基本医保被列入国务院《深化医药卫生体制改革2017年重点工作任务》之一。2018年中央一号文件和《乡村振兴战略规划（2018—2022年）》均提出完善统一城乡居民基本医疗保险制度和大病保险制度，做好农民

①《国务院关于整合城乡居民基本医疗保险制度的意见》（国发〔2016〕3号），2016年1月12日。

重特大疾病救助工作，巩固城乡居民医保全国异地就医联网直接结算。随着医药卫生体制改革的逐步推进，城乡居民可以公平享有基本医疗保险的权益，可进一步促进社会公平、增加民生福祉，对于推动城乡经济协调发展、全面建成小康社会具有重要意义。

4.4.3 推动基础设施提挡升级

当前，我国农村基础设施建设已经取得了一定成就。经过“十一五”“十二五”的大力建设，我国农村基础设施，尤其是生活基础设施建设已经取得了很大成就。以农村交通道路为例，根据《2017年交通运输行业发展统计公报》，截至2017年底，全国农村公路（含县道、乡道、村道）里程400.93万千米，比上年末增加4.95万千米，99.99%的乡镇已通公路，99.39%的乡镇已通硬化路面。以供电为例，2015年12月，青海省最后3.98万无电人口通电，国家能源局制定的《全面解决无电人口用电问题三年行动计划（2013—2015年）》得到落实，我国全面解决了无电人口用电问题。

然而，农村基础设施建设仍然存在许多问题。贫困地区山大沟深，通达通畅任务艰巨，投资数额大、建设难度大；乡村道路前期建设标准较低、质量较差，后期养护投入严重不足，未来返工补修任务量大，按照10年一个周期，约有100万千米需要大中修，占总里程的1/4；农村电网设备差且用电成本高，农村电力设备陈旧落后甚至破损，易引发安全事故，电能质量差，农村平均电价高于城镇，增加了农民用电成本；农村集中式供水和自来水普及比例仍然较低；农村流通设施建设严重滞后。

这些基础设施短板严重制约了我国农村居民生产生活尤其是农村消费潜力的释放，直接影响到农村消费需求的增长。交通运输是经济发展的动脉，农村公路不畅通，农民生产的农产品无法及时送到城镇，城镇的工业生活消费品无法及时进入农村，城镇商户也无法方便快捷地进村采购，运输的时间和成本将严重影响农民的经济生产和物质生活；农村地区电价过高、电力供应不足等因素抑制了农民对电冰箱、电饭锅等以电为动力的耐用品消费；自来水设施短缺、价格过高等弊端阻碍了热水器、洗衣机等家电的普及；互联网基础设施建设不足则制约了信息消费；文化娱乐设施较少制约了文娱消费潜在需求的释放。

针对以上问题，2018年中央一号文件提出：“继续把基础设施建设重点放在农村……以示范县为载体全面推进‘四好农村路’建设，加快实施通村组硬化路建设。加大成品油消费税转移支付资金用于农村公路养护力度。推进节水供水重大水利工程，实施农村饮水安全巩固提升工程。加快新一轮农村电网改造升级，制定农村通动力电规划，推进农村可再生能源开发利用。”

《乡村振兴战略规划（2018—2022年）》对此强调，继续把基础设施建设重点放在农村，持续加大投入力度，加快补齐农村基础设施短板，促进城乡基础设施互联互通，推动农村基础设施提档升级。改善农村交通物流设施条件，加强农村水利基础设施网络建设，构建农村现代能源体系，夯实乡村信息化基础。

5 质量兴农之路

乡村振兴，产业兴旺是重点，而质量兴农是产业兴旺的必由之路。十九大报告指出：“我国经济已由高速增长阶段转向高质量发展阶段，正处在转变发展方式、优化经济结构、转换增长动力的攻关期。”农业农村经济亦是如此，必须坚持走高质量发展道路带动亿万农民增收致富。我国的城镇化率①在2011年首次超过50%，2017年达到58.52%，意味着中国超过一半的人生活在城镇而非农村，社会结构从以农村为主转向以城镇为主，同时传统农民和城镇居民的生产生活方式也在发生深刻变化。同时，2017年我国城乡居民家庭平均恩格尔系数②为29.3%，处于联合国粮农组织标准的最富裕阶段，步入这一阶段的人们更注重农产品的质量与安全。我国农业综合生产在量的方面已满足，需从质的方面去提升。

5.1 推动农业供给侧结构性改革

5.1.1 什么是农业供给侧结构性改革？

2015年11月，习近平总书记在中央财经领导小组第十一次会议上提出着力

① 城镇化率：按常住人口计算，城镇化率=城镇人口/总人口。

② 恩格尔系数：食品支出总额占个人消费支出总额的比重，用来衡量一个国家或家庭的富裕程度。恩格尔系数越大，一个国家或家庭生活越贫困；恩格尔系数越小，一个国家或家庭生活越富裕。

加强供给侧结构性改革，着力提高供给体系质量和效率。“供给侧结构性改革”这一概念被首次提出。2015年12月，中央农村工作会议指出要着力加强农业供给侧结构性改革，提高农业供给体系质量和效率，真正形成结构合理、保障有力的农产品有效供给。2016、2017年中央一号文件均强调了“推进农业供给侧结构性改革”的重要性；2018年中央一号文件提出的“质量兴农战略”是在其基础上做出的高水平延续，具有指导未来农业中长期发展的战略意义。

2016年3月，习近平总书记在第十二届全国人大第四次全体会议上指出，新形势下，农业主要矛盾已经由总量不足转变为结构性矛盾，主要表现为阶段性的供过于求和供给不足并存。要把推进农业供给侧结构性改革、提高农业综合效益和竞争力，作为当前和今后一个时期我国农业政策改革和完善的主要方向。这样的论述深刻揭示了我国农业当前面临的主要矛盾和农业供给侧结构性改革的基本含义——不同农产品面临着阶段性供过于求与供给不足并存的局面，因此不能单纯追求农产品产量的增长，也不能只从国内市场供求的视角对现有各类农产品进行生产结构上的调整，而要在经济全球化的背景下，深入探讨如何在总体上提高我国农业的综合效益和国家竞争力[①]。

① 陈锡文.论农业供给侧结构性改革[J].中国农业大学学报（社会科学版），2017（34）：5-13.

5.1.2 农业供给侧结构性改革的意义

现阶段，我国农业供给体系质量、农业结构布局质量、农业产业发展质量等方面均存在一定不足，这是历史因素和现实矛盾长期积累的结果，已严重影响到人民生活的幸福感，制约我国农业经济持续健康发展。基于以上情况，推行农业供给侧结构性改革势在必行，且对于我国经济社会发展具有重要的现实意义。

有利于促进农产品消费结构升级。近年来，我国农产品质量安全水平有待提高，三鹿奶粉、地沟油、瘦肉精等食品安全事件层出不穷，严重影响了消费者的身体健康；农产品品种丰富但多而不优，农产品电商尤其是生鲜电商在全国遍地开花，但也有很多电商面临着倒闭风险，除相互竞争的同质化外，更深层次的原因是农产品同质化严重，缺乏个性化产品和同一产品的优良中等分层；农产品品牌众多但杂而不亮，大多数农业企业对品牌内涵、品牌文化的认知不到位，使其品牌不具备市场影响力。推动农业供给侧改革，可有效促进农产品品质提升、农产品消费结构升级。

有利于提升农业竞争力。我国农村目前存在“三量齐增”与“三本齐升”的问题。“三量齐增”指生产量、进口量、库存量持续增加。值得注意的是，我国仓库里储存着大量即将过期的或是不断贬值的、质量较差的农产品[①]。“三本齐升”指物质成本、人工成本、土地成本持续上升。据统计，1990—2014年，我国三种粮食作物（稻谷、玉米、小麦）按现值计算的亩均产值年均增长13.6%，但亩均成本年均增长15.5%[②]。实施农业供给侧结构性改革，可促使我国农业转型升级，大大缓解上述问题，提升农业综合竞争力。

有利于增加农民收入。目前我国农村居民家庭经营收入占到总收入的40%以上，主产区农民增收主要还是靠农业。供给与需求结构失衡，导致一些地

① 罗必良．农业供给侧改革的关键、难点与方向［J］．农村经济，2017（1）：1-10.

② 叶兴庆．演进轨迹、困境摆脱与转变我国农业发展方式的政策选择［J］．改革，2016（6）：22-39.

方出现“粮价跌、伤心菜、贱苹果”等现象，尽管农产品产量提高，但价格低廉，农民增产不增收[①]，收入问题仍然是横亘在广大农民面前的一道难题。推进农业供给侧结构性改革，有利于发展高产、优质、高效、生态、安全农业，提高农业效率，增加农民收入。

有利于改善农业生态环境。近年来不合理的供给结构给资源环境带来了极大压力，部分地区为了多种粮食而过度开垦，且大多实行粗放的经营模式，大量使用农药与化肥，因此造成了耕地数量减少、质量降低、农业面源污染日益加重等诸多问题。农业供给侧结构性改革要求以治理和修复生态环境为重点，优化资源利用效率，调整农业生产方式与资源利用方式，有利于改善农业生态环境，推动农业绿色发展、可持续发展。

5.1.3 如何推动农业供给侧结构性改革？

第一，改革价格形成机制。为保障粮食供给总量，激发农民生产积极性，2004年国家开始在稻谷、小麦主产区实施最低收购价政策，2007年在玉米主产区实施临时收储价格政策，粮食产量不足、供不应求的危机得以化解。然而，随着粮食生产成本逐年攀升，从2008年开始最低收购价格不得不一再提高，造成国内粮食价格远高于国际价格，经营者与消费者将购买力转向国际市场。因此，必须改革“价补合一”的收购政策，根据“市场定价、价补分离”的方式，把从价格中分离出来的补贴，以既符合国情又符合世界贸易组织规则的其他方式支付给农民，这样才能既搞活粮食流通又保护农民的生产积极性[②]。

第二，推动农业科技创新。良种培育对农业发展具有重要影响，部分农产品产量过低、效益过差，在国际市场上不具备任何竞争力，因此农民不愿意种。例如，我国大豆目前产量低下，亩均约为125千克，低于世界平均水

① 韩长赋．着力推进农业供给侧结构性改革［J］．中国农业会计，2016（5）：62-63.

② 陈锡文．深入推进农业供给侧结构性改革 着力提升农业综合效益和农产品竞争力［J］．中国经贸导刊，2017（9）：22-23.

平1/3左右。应加快推动农业科技创新，大力培育优良品种，推广科学栽培技术，改进园艺措施，科学施用农药化肥[①]，提升农产品国际竞争力。

第三，推进农业经营体系创新。传统的小农户具有经营规模小、耕地细碎化等特点，难以实现规模经营，制约了其生产效率的提高。2013年12月习近平总书记在中央农村工作会议上首次提出将土地承包权与经营权分离，可促进农村土地经营权有序流转，鼓励规模经营。同时，应积极推进农业经营体系创新，对于高素质农民、合作社、家庭农场、龙头企业等新型农业经营主体进行重点培育，为其提供政策及资金扶持，提升我国农业生产经营效率。

第四，发展农村新产业、新业态。新形势下，随着人民生活水平不断提高，需求逐渐变得多元化，城镇居民在闲暇之余前往农村寻找休闲放松的机会，农家乐、乡村旅游、休闲农业、农村电商等产业发展迅猛，为农村创造出大量新的就业岗位。在政策上引导和鼓励农村各种新产业、新业态的发展，促进农村一二三产业融合，完善交通、电力、饮水、网络等基础设施，既能不断开拓新的就业空间，又能使更多农村劳动力转移至二三产业，为发展现代农业创造条件[②]。

5.2 夯实农业生产能力基础

5.2.1 确保国家粮食安全

常言道，手中有粮，心中不慌。习近平总书记一字一句掷地有声："中国人的饭碗任何时候都要牢牢端在自己手上。我们的饭碗应该主要装中国粮。"

① 陈锡文．农业供给侧结构性改革要进行三大创新[J]．农村工作通讯，2016（8）：34．

② 陈锡文．深入推进农业供给侧结构性改革 着力提升农业综合效益和农产品竞争力[J]．中国经贸导刊，2017（9）：22-23．

粮食稳产高产是经济稳定的重要基础，充足的口粮是社会稳定的根本保障，任何时候我们都必须“牢牢守住粮食安全的底线”。

国家高度重视粮食安全问题。2005年中央一号文件首次提出“粮食安全”的概念，自党的十八大以来，政府每年强调并积极采取有效措施确保粮食安全，高度关注这一战略问题，并始终将其放在重要位置，构筑了牢牢“端稳”中国人饭碗的根基。在之后历年的中央一号文件中，均能看出国家对粮食安全问题的高度关注：2013年指出“确保国家粮食安全，保障重要农产品有效供给，始终是发展现代农业的首要任务”；2014年提出“抓紧构建新形势下的国家粮食安全战略”；2015年提出“不断增强粮食生产能力”，同时提出“建设现代农业”；2016年提出“实施藏粮于地、藏粮于技战略”；2017年提出“深入实施藏粮于地、藏粮于技战略，严守耕地红线”。这几年来，中央一号文件在粮食安全议题方面层层递进、步步深入，2018年更是在延续粮食安全重要战略地位不变的基础上，首次提出“推进粮食安全保障立法”和“积极参与全球粮食安全治理”，这也是“大国三农”迈出的重要一步。这一步将国家粮食安全上升到法律保障的高度，进一步提升了粮食安全的国家地位，将我国放在世界粮食安全大格局中考量，是大国国际地位与大国责任的体现，更是保障中国粮食安全的永恒课题。《乡村振兴战略规划（2018—2022年）》强调，坚持以我为主、立足国内、确保产能、适度进口、科技支撑的国家粮食安全战略，建立全方位的粮食安全保障机制。

2012—2016年全国粮食产量

年份	播种面积（千公顷）	单位面积产量（千克/公顷）	总产量（万吨）
2012	111 204.6	5 301.8	58 958.0
2013	111 955.6	5 376.6	60 193.8
2014	112 722.6	5 385.1	60 702.6
2015	113 342.9	5 482.8	62 143.9
2016	113 034.5	5 451.9	61 625.1

资料来源：国家统计局。

我国粮食生产持续稳产高产。近年来，我国粮食产量稳中有增，粮食生产能力不断提高，城乡居民的口粮得到有效保障。2017年，全年的粮食产量为61 791[①]万吨，人均粮食占有量444.5千克，高于世界平均水平。我国实行严格的耕地保护制度、最低粮食收购价格和农村支持保护补贴政策，通过调动农民和地方政府的粮食生产积极性，保持“口粮自给率”在95%以上。作为一个人口大国，中国以7%的土地养活了全世界20%的人口，这不仅是中华民族自立自强的表现，更是中国以实际行动践行着大国担当，为世界粮食安全做贡献的体现。

5.2.2 加快建设农业科技创新体系

创新是引领发展的第一动力，农业科技创新是推动农业现代化建设的引擎。“十二五”期间，我国农业科技领域硕果累累，全国粮食作物平均单产为365.5千克/亩；共有175项农业科技成果获得国家级奖项，主要科技创新指标跻身世界前列。中国现有农业科技特派员72.9万人，建立科技特派员服务站1.6万个，直接接受服务的农户1 250万户，受益农民6 000万人。目前，全

① 粮食统计口径：谷物、豆类、薯类，其中谷物主要包括玉米、稻谷、小麦、大麦、高粱、荞麦、燕麦等。

国共批准建设了246个国家农业科技园区，为农业发展注入新活力。农业科技进步贡献率由2010年的52%提高到2017年的57.5%，加快了传统农业向现代农业转型的步伐，促进农业走依靠技术进步的“内涵式”发展路径。

《乡村振兴战略规划（2018—2022年）》中制定了农业科技创新支撑重大工程：

第一，农业科技创新水平提升。建立现代农业产业技术体系、创新联盟、创新中心“三位一体”的创新平台。加强农业面源污染防治、化肥农药减量增效、农业节水、农业废弃物资源化利用、绿色健康养殖、防灾减灾、荒漠化石漠化处理、森林质量提升等关键技术研发，推进成果集成应用。

第二，现代种业自主创新能力提升。加强种质资源保存、育种创新、品种测试与检测、良种繁育等能力建设，建立现代种业体系。高标准建设国家南繁育种基地，推进甘肃、四川国家级制种基地建设与提挡升级，加快区域性良繁基地建设。建立农业野生植物原生境保护区和种质资源库（圃）。

第三，农业科技园区建设。突出农业科技园区的“农、高、科”定位，强化体制机制创新，推进农业科技园区建设。用高新技术改造提升农业产业，壮大生物育种、智能农机、现代食品制造等高新技术产业，培育农业高新技术企业超过1.5万家。

好书推荐

美国经济学家西奥多·舒尔茨自20世纪30年代就开始从事农业经济问题研究，他认为改造传统农业的核心是引进经济增长的关键要素——技术进步。

农业科技创新的内容包含科学与技术，重点在创新，它不仅是一个技术概念，更是一个包含从研发转化到应用推广的经济概念。建设现代农业科技创新体系需紧紧把握好以下四个抓手：

植物工厂

农业科技园

农业机械化

一是培育符合现代农业发展要求的创新主体。农业科技创新主体是多元化的，应以政府、高校、科研机构、社会组织为主导，鼓励企业成为科技创新主体，注重建立各个创新主体间的合作互补关系，提高创新系统效率。

二是布局跨区域全链条协同的创新基地。农业科技创新涉及农业产业链的各个环节，应秉持开放的理念在创新基地形成资源共享、优势互补的产学研联盟，各区域协同创新使农业科技成果产品化、商品化，提升农业产业竞争力。

三是构建加速科技成果转化的服务体系。实现有效供给与有效需求精准对接，积极推广农业科技成果，加速应用于市场，为农民提供产业链式的系统服务，走好科技服务“最后一公里”。

四是完善适应农业科技创新规律的保障制度。农业科技创新本身的外部经济和溢出效应难以确保科研成果与收益相平衡，不仅要从财政投入提供资金保障，也要加快建立从公益性角度出发的科技创新激励机制。

5.2.3 破解人才瓶颈制约

夯实农业生产能力，必须破解人才瓶颈制约。第三次全国农业普查显示，2016年全国农业生产经营人员[①]共31 422万人，较2006年第二次全国农业普查减少了3 452万人；但从农业生产经营人员的受教育程度来看，初中及以上文化程度占56.7%，高中及以上文化程度的占8.3%，较2006年分别增长了7.4个百分点和4个百分点。数据表明我国农业从业人员数量虽有所减少，但综合素质水平大幅提高，这对提高农业生产效率、增加农业经营收入都有正面的影响。然而不可忽视的是，还有6.4%的农业生产经营人员从未上过学，人数达到2 011万。农业是弱质产业，面临着自然和市场的双重风险，增收致富的难度越来越大，农村逐渐失去对能人的吸引力，如今农村劳动力大批转移，留在农村的“386199”队伍日益庞大，形势严峻。解决农业人才短缺问题迫在眉睫。

推动农业人才振兴，将人力资本开发置于首位。2018年3月全国“两会”期间习近平总书记在参加山东代表团审议时指出，加快培育新型农业经营主体，让愿意留在乡村、建设家乡的人留得安心，让愿意上山下乡、回报乡村的人更有信心，激励各类人才在农村广阔天地大施所能、大展才华、大显身手。农业的专业性越来越强、科技含量越来越高，相应地，农业生产经营者需要掌握现代农业科技知识和专业技能，操作使用专业的农业机械设备，将知识与科技转化为先进的农业生产力。通过政策支持和环境营造，鼓励更多优秀人才尤其是青年人才返乡创业，成为实施乡村振兴战略的生力军乃至主力军。

确保农民的主体地位，培养造就“一懂两爱”的农业干部队伍。祖祖辈辈都生于乡村长于乡村的农民最清楚家乡的真实模样和建设愿景，只有农民参与和主导的乡村振兴才是党和国家要真正振兴的乡村，没有农民的主动参与，即

① 农业生产经营人员指在农业经营户或农业经营单位中从事农业生产经营活动累计30天以上的人员（包括兼业人员）。

使将乡村建设的再美丽，也背离了乡村建设宗旨。因此，要培养一支“懂农业、爱农村、爱农民”的农业干部队伍，通过带领与鼓励，充分调动广大农民的参与积极性，将乡村建设成人人陶醉的美丽家园。

拓展阅读

乡村振兴人才支撑计划

（一）农业科研杰出人才计划和杰出青年农业科学家项目

加快培育农业科技领军人才和创新团队。面向生物基因组学、土壤污染防控与治理、现代农业机械与装备等新兴领域和交叉学科，每年选拔支持100名左右杰出青年农业科学家开展重大科技创新。

（二）乡土人才培育计划

开展乡土人才示范培训，实施农村实用人才“职业素质和能力提升计划”，培育一批“土专家”“田秀才”、产业发展带头人和农村电商人才，扶持一批农业职业经理人、经纪人，培养一批乡村工匠、文化能人和非物质文化遗产继承人。

（三）乡村财会管理“双基”提升计划

以乡村基础财务会计制度建设、基本财会人员选配和专业技术培训为重点，提升农村集体经济组织、农民合作组织、自治组织的财务会计管理水平和开展各类基本经济活动的规范管理能力。

（四）“三区”人才支持计划

每年引导10万名左右优秀教师、医生、科技人员、社会工作者、文化工作者到边远贫困地区、边疆民族地区和革命老区工作或提供服务。每年重点扶持培养1万名左右边远贫困地区、边疆民族地区和革命老区急需紧缺人才。

——《乡村振兴战略规划（2018—2022年）》

5.3 推动农村"三产"融合发展

5.3.1 农村一二三产业融合发展

在2015年中央一号文件中，农村一二三产业融合作为一个新理念被首次提出。2015年12月，国务院办公厅发布《关于推进农村一二三产业融合发展的指导意见》，该意见从农村产业融合方式、融合主体、利益联结机制、融合服务等方面出发，全方位部署了整套发展体系，为各省、自治区、直辖市更好地推进"三产"融合提供指导。随后的每一年，农村"三产"融合都是政策关注的重点，有关"三产"融合的新想法、新举措层出不穷。2018年中央一号文件公布全面部署乡村振兴战略，提出产业兴旺是重点，又一次将"构建农村一二三产业融合发展体系"作为重点予以布置。根据《乡村振兴战略规划（2018—2022年）》，要把握城乡发展格局发生重要变化的机遇，培育农业农村新产业新业态，打造农村产业融合发展新载体新模式，推动要素跨界配置和产业有机融合，让农村一二三产业在融合发展中同步升级、同步增值、同步受益。

增加农民收入，必须推进农村一二三产业融合发展。不论是20世纪80年代的"五个中央一号文件"[①]，还是新世纪连续16年公布的中央一号文件，都将促进农民增收置于"三农"工作的核心位置。党的十八大至今我国第一产业的增加值虽然连年增长，但是占GDP的比重却在不断下降，这从侧面反映出若只是将大农业作为一个独立的产业发展，无法使得农民收入持续增加。因此，有必要打破一二三产业间的隔阂，充分开发"三产"融合的多种方式，推进农村产业融合发展，为促进农民收入持续较快增长开辟广阔的道路。

① 中共中央在1982—1986年连续5年发布以农业、农村和农民为主题的中央一号文件。

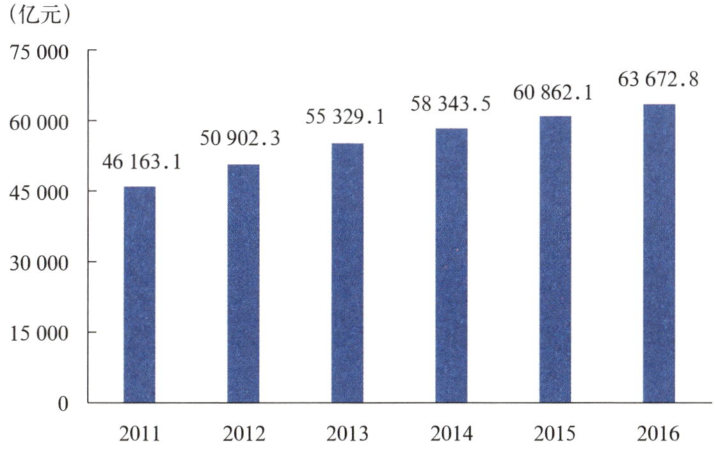

2011—2016 年我国第一产业增加值

问答

农村一二三产业融合发展指的是什么？

理论上的概念是：以农业为基本依托，通过产业联动、产业集聚、技术渗透、体制创新等方式，将资本、技术以及资源要素进行跨界集约化配置，使农业生产、农产品加工和销售、餐饮、休闲以及其他服务业有机地整合在一起，使得农村一二三产业之间紧密相连、协同发展，最终实现农业产业链延伸、产业范围拓展和农民收入增加。简单理解就是，在农村这个特定的区域内，从原材料到一个成熟的农业产品，这种产品或是实物或是服务，在农业生产的基础上拥有共享的技术，利用二产、三产各自的优势助力农业发展，最终的利益由农民共享，比如旅游农业、农村电子商务、田园综合体、现代农业产业园。产业融合主要分为纵向融合与横向融合：纵向融合如种-养-加一体化，延长农业产业链；横向融合则拓展了农业的多功能性，发挥社会文化功能，如体验农业、特色小镇、旅游农业。

资料来源：马晓河．推进农村一二三产业深度融合[J]. 中国合作经济．2015（2）：43-44.

农村产业兴，需要从“三产”融合发展中获取能量。当下，面对质量优势不足、竞争力弱、农民增收后劲不足等突出问题，如何将各地农民、企业家、年轻人才拧成一股绳，汇聚各方面的力量，共同致力于建设农业农村？农村“三产”融合为此提供了创新的思路举措。农村一二三产业的成功融合将诞生一种新业态，不仅充分有效利用资源、降低交易成本，还可以将更多的收益留在农村、留给农民。

5.3.2 如何推动农村一二三产业融合发展？

农村一二三产业融合发展是一项系统工程，需要汇聚各方力量，进行全面的安排部署。近年来，农业农村部发布一系列关于现代产业园、现代农业示范区、农产品加工园区的指导意见，国务院办公厅、财政部、国家发展和改革委员会等部门也相继出台各类文件，各部门通过协同部署、相互配合，可为农村一二三产业融合发展提供思路与方法。

发展多类型农村产业融合方式。要因地制宜选择当地优势主导产业，依托主导产业带动“三产”顺利融合，并且注重培育农业新型业态，挖掘农业的多种功能，如农村电商、乡村旅游等。延伸农业产业链，增加农业附加值，尤其要把农业加工业作为促进一二三产业融合发展的重要抓手，支持主产区农产品就地加工转化增值，力争到2020年农产品加工业产值与农业总产值比达到2.4∶1，2022年达到2.5∶1。

培育多元化农村产业融合主体。培育一批技术装备水平高、市场竞争力强、示范带动面广的产业融合主体，并充分发挥其在农产品加工流通、现代农业园区建设和农业社会化服务等方面的积极作用。促进农产品加工和流通企业、农民合作社、种养大户、家庭农场等更好地面向市场需求、立足资源优势，推进农业产业链一体化发展，鼓励新型经营主体打造商业模式创新的排头兵，引导其抱团营销，打造联合品牌，探索协同创新机制[①]。

① 国家发展改革委宏观院和农经司课题组．推进我国农村一二三产业融合发展问题研究［J］．经济研究参考，2016（4）：3-28．

水稻国家公园的“稻田盛宴”

建立多形式利益联结机制。完善订单协作型利益联结机制，规范订单格式、内容和签订程序，实施合同备案审查制度。推广股份合作型利益联结机制，引导龙头企业和农民合作社双向入股，鼓励专业合作社、家庭农场、种养大户和普通农户以土地、劳务、资金等形式入股企业。推动产销联动型利益联结机制，支持农产品产销双向合作互动，鼓励批发商、零售商与农民合作组织共建规模化、标准化农产品基地，扶持农民成立农产品流通合作组织[①]。

支持农村产业融合多模式并存发展。鼓励经营主体探索种养业生态循环型发展模式，支持种养饲加循环产业链发展，促进农业资源节约利用、循环利用和可持续利用，鼓励新型经营主体推进农业内外联动，延伸产业链、打

① 国家发展改革委宏观院和农经司课题组．推进我国农村一二三产业融合发展问题研究[J]．经济研究参考，2016（4）：3-28．

造供应链、提升价值链，把现代产业发展理念和组织方式引入农业[①]。完善发展乡村旅游和休闲农业所需要的道路、供水、供电、网络、停车场等配套基础设施。

案例

成功的农村电商——遂昌模式

“特色中国——遂昌馆”于2013年1月上线，是淘宝网全国首家县级特色馆，由遂昌市政府与阿里巴巴集团淘宝网共同推动的战略合作项目。2014年遂昌县以农林产品为主的电商交易规模已达5.3亿元。

以销售竹炭、烤薯、菊米等当地特色农产品为主，生产、加工、销售分别由农户、加工企业、网络分销商分工协作，网店服务中心依据顾客的消费需求制定了农林产品的产销标准，将同一种类不同品质的农产品细分开来，提高网货质量。图为特色中国遂昌馆网店页面。

5.4 推进现代农业稳步发展

5.4.1 促进小农户与现代农业有机衔接

陈锡文在《财经》2018年年会上所做报告《实现小农户和现代农业发展有机衔接》指出，“在今后相当长的时间中，一家一户的小农户的生产，可能

① 国家发展改革委宏观院和农经司课题组．推进我国农村一二三产业融合发展问题研究[J]．经济研究参考，2016（4）：3-28.

还是中国会长期存在的一个历史现象，短期内不可能完全消灭掉”。据农业部统计，截至2016年底，我国有近2.6亿户农户的耕地经营规模在50亩以下，约占农户总数的97%，户均耕地面积5亩左右；预计到2050年我国经营规模在50亩以下的农户大约有1亿户，其耕地经营面积约占全国耕地总面积的50%①。在建设现代农业的进程中，面对小农户数量占比以及耕地面积占比均较大的现实情况，没有小农户的现代化，又如何确保实现农业农村的现代化，乡村振兴又何从谈起？

十九大报告中指出：“实现小农户和现代农业发展有机衔接”。2018年发布的中央一号文件和《乡村振兴战略规划（2018—2022年）》均对如何有机衔接小农户和现代农业发展做出部署。近年来，相关政策对新型农业经营主体有所倾斜，小农户与之相比未受到足够重视。然而，小农户仍是我国农业最为重要的经营主体，重视其发展是建设现代农业的应有之义。

小农户农业生产经营的发展面临以下几方面的问题：一是难以形成规模经营。小农户具备农业经营规模小、耕地细碎化等特征，劳动力等生产要素难以实现统筹配置，致使其生产效率低下。尽管土地流转在一定程度上有利于小农户实现规模经营，但在全国成功有效地实行需要一个长期过程。二是难以获取生产资金。农村金融还未全面普及，小农户缺乏合格有效的担保物，金融服务的农村金融产品形式单一，难以满足小农户多样化需求。三是难以利用现代农业科技。当前，我国农业技术的推广应用多数针对农业大户，对小农户的供给较少，加之小农户自身运用现代农业科技能力水平有限，生产方式依旧是“面朝黄土背朝天”的传统耕作模式。

破除阻碍小农户和现代农业有机衔接的障碍，不仅需要将农民组织起来，还需要建立健全完善的农业社会化服务体系。

---

① 王亚华．什么阻碍了小农户和现代农业发展有机衔接[J]．人民论坛，2018（7）：72-73.

声音

积极推进小农户和现代农业发展有机衔接

深化农村改革，加快构建现代农业经营体系，让小农户共享改革红利。着力推进农村一二三产业融合发展，加快构建现代农业产业体系，让小农户分享产业链增值收益。加强贫困地区农业物质装备条件建设，加快构建现代农业生产体系，让农村贫困人口同步迈入小康。发挥农业补贴的导向作用，进一步完善财政支农政策体系，让小农户参与价值链收益分配。拓宽农民增收渠道，逐步健全就业创业服务体系，让小农户共享人生出彩的机会。

——韩长赋　农业农村部部长

《求是》，2018年第2期

一是要将小农户融入现代农业经营体系。十九大报告明确指出，“第二轮土地承包到期后再延长三十年”，给广大农民吃下了“定心丸”，这有利于促进土地流转，缓解经营规模小、耕地细碎化等问题。通过土地确权颁证等形式让农民对流转自家的承包地更加放心，更有信心。尽管许多转入土地的农户依然是小规模、分散经营，但通过农民专业合作社等组织化载体将广大农户组织起来，可提高农户的组织化水平，统筹利用生产要素，实现广大农户的规模化经营。

二是要将小农户融入现代农业产业体系。小农户的生产经营规模有限，资金、技术、信息等一系列客观条件制约其与现代农业产业链相互衔接。着力推进农村一二三产业融合发展，让小农户分享产业链增值收益，将更多收益留在主产区、留给农民。充分发挥农民专业合作社、农业产业化龙头企业、社会化服务机构等社会组织作用，为农民提供全方位社会化服务。

三是要将小农户融入现代农业生产体系。针对农业专业户开展丰富多样的农业技术培训课程，提升农民利用现代农业科技的能力，改变传统的农业生产方式。充分发挥政府在农业技术推广体系中的作用，为农户从事农业生产活动提供良好的基础条件，如小型农田水利设施建设、农村道路建设等。

5.4.2 从农产品国际贸易看农业发展

农业是国民经济的基础，农产品国际贸易对国民经济增长有着举足轻重的影响。新中国成立之初，我国工业基础十分落后，需通过大量出口水果、大米、药材等农产品来换取外汇购买国际市场上的技术与机械装备，从而推动大规模工业化建设。此外，还通过工农产品价格“剪刀差”[①]从农业中提取剩余，为我国工业化的起步提供了大量的资金积累。我国加入世界贸易组织以来，进一步开放了国内市场，农产品进出口金额持续快速增长，贸易总额由2001年的279.1亿美元上升到2016年的近1 600亿美元，年均增长约30%，在世界农业经济中占据重要位置。2017年农产品贸易总额占农业增加值的20.72%，占全年农业总产值的11.83%。农产品的国际贸易不仅影响农业产业的结构与发展，也通过产业联动影响相关产业的发展，从而对我国国民经济产生影响。

农产品国际贸易促进国家经济结构优化。初级产品在农产品出口中占较大的市场份额，在国际贸易过程中作为第一产业的农产品将带动第二、第三产业发展。随着贸易规模的扩大，通过发展农产品出口产业以及扩大市场范围促使企业形成规模经济，加速我国农业产业化进程，促进农村一二三产业深度融合，从而调整国内产业结构，提高资源配置效率，完善市场结构。

农产品国际贸易和农业对外开放有利于推动创新和技术进步。从国外进口优质农产品，可促进国内农业领域的创新，推进农业机械化与现代种业研发。将国内农产品与国外农产品进行比较，在比较中寻找差距，在对外开放中看到、学到、获得他国农业经验，促使相关企业加大创新力度，以创新推动经济增长。

农产品国际贸易有利于提高农产品质量与竞争力。在农产品国际市场上与其他国家打交道时，会发现我国在完善食品标准体系方面还有很大的进步空

① 剪刀差是指工农业产品交换时，工业品价格高于价值，农产品价格低于价值所出现的差额。

间，尤其与欧美等发达国家地区相比还存在一定的差距。我国农业要想在国际市场确保领先地位，获得更大的经济利益，必须建立良好的农业生产规范，制定与国际接轨的农产品生产标准、质量标准，提升产品质量，对抗国外“绿色壁垒”。

然而在目前，我国的农业贸易形式严峻。

农产品贸易逆差不断扩大。自2001年正式加入世界贸易组织以来，我国农产品进口速度快速增长，在2004年由贸易顺差变成了贸易逆差，2016年逆差已扩大到380亿美元。进口方面，因为加入世界贸易组织的承诺，中国农产品的进口关税下降，并逐步取消了对小麦等农产品的进口配额，进口增幅迅速，同时由于居民生活水平不断提高，对优质水果、食品的强大需求也带动了进口的迅速增长；出口方面，由于受欧美日韩等组织和国家“绿色壁垒”的限制，中国农产品出口贸易金额虽逐年增加，但增幅缓慢。

进出口市场分布集中，出口农产品结构单一。就进出口市场结构而言，中国农产品出口市场主要集中在亚洲、欧洲和北美洲，而农产品进口市场则更加高度集中，70%的农产品进口额来自美国、巴西、东盟、欧盟和澳大利亚，其中，美国和巴西两国所占比例最大。从参与国际贸易的农产品数量看，出口农产品主要是蔬菜、水果和水产品，其份额合计超过农产品出口总额的一半；进口农产品主要是粮油棉糖等大宗商品。

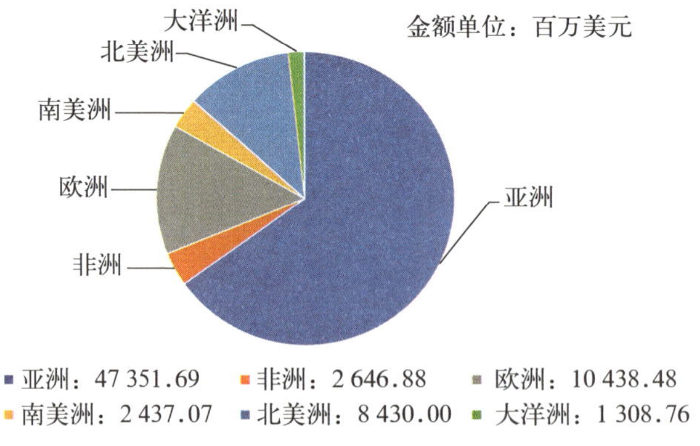

2016年我国对七大洲出口农产品金额

我国农产品贸易格局的改变，既有国际因素，也有国内因素。近年来贸易保护主义抬头，阻碍了我国农产品出口，农产品贸易技术壁垒的提高对我国农产品的质量安全、检验检疫等提出了新的要求。我国土地资源、水资源紧张，人口红利逐渐消失，劳动力价格不断上涨，导致农产品比较优势进一步下降，国际竞争力减弱。

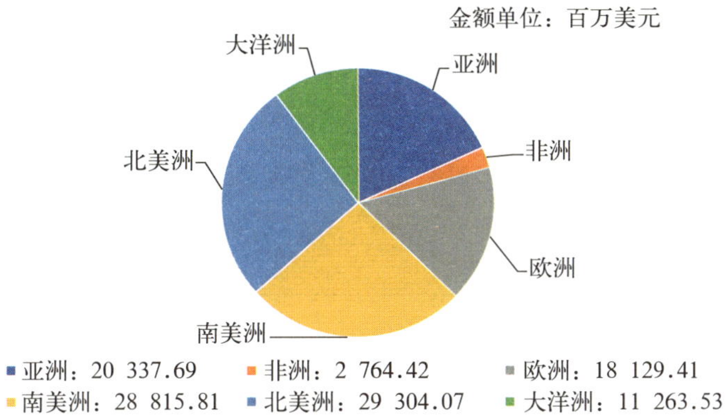

2016年我国从七大洲进口农产品金额

5.4.3 构建农业对外开放新格局

开放是国家发展繁荣的必由之路，当今世界，经济全球化深入发展，农业经济作为经济全球化的一部分，农产品、农业企业、农业人才跨国流动，各国经济更加相互依赖，共同利益增多，任何国家都不可能关起门来搞建设。我国始终秉持开放包容、兼容并蓄的态度，不断扩大农业对外开放、提升开放型经济水平。在经济全球化的大背景下，要及时制定与农产品贸易格局相对应的贸易战略，构建农业对外开放新格局。对内抓农业质量，调整农业结构，提高资源配置效率，增加农产品有效供给，提高农产品的国际竞争力；对外促进贸易市场多元化，统筹处理好与贸易伙伴国的关系，减少农产品贸易逆差带来的不利影响，保证国民经济平稳发展。

拓展阅读

共同推进“一带一路”建设农业合作的愿景与行动

农业交流和农产品贸易自古以来就是丝绸之路的主要合作内容。借古丝绸之路，中国从西方引入了胡麻、石榴、苜蓿、葡萄等作物品种，并把掘井、丝绸、茶等生产技术和产品带到了中亚，促进了沿线国家间农业技术和产品的传播交流，亚欧非的农业文明沿着古丝绸之路交流互通，不断发扬光大。

资料来源：农业部、国家发展和改革委员会、商务部、外交部联合印发的《共同推进“一带一路”建设农业合作的愿景和行动》。

深化与“一带一路”沿线国家和地区农产品贸易关系。中国从“一带一路”[①]沿线国家和地区进口的农产品数量增长较快，但目前仅占中国农产品进口总额的20%。推进“一带一路”建设合作是沿线各国、各地区农业发展的共同愿景。加强与“一带一路”沿线国家和地区的农业贸易合作，围绕“一带一路”沿线国家和地区共同发展的需求，着重构建农业政策对话平台，强化农业科技交流合作，优化农产品贸易合作，拓展农业投资合作，加强能力建设与民间交流。

培育具有国际竞争力的农业企业集团。在当今世界谷物贸易的国际市场上，美国阿丹米（ADM）、邦吉（Bunge）、嘉吉（Cargill）和法国路易达孚（Louis Dreyfus）四家跨国公司（ABCD四大粮商）掌控着80%的市场份额。它们通过全产业链经营优化全球资源配置，凭借实力强劲的研发部门打造核心产业链，在国际市场中具有强大的竞争力。为了提高我国在国际农业贸易中的话语权，积极支持农业企业“走出去”、培育国际大粮商是提升农产品国际竞

① 2013年习近平总书记在出访中亚和东南亚国家期间，先后提出了共建“丝绸之路经济带”和“21世纪海上丝绸之路”的重大倡议，简称“一带一路”。

争力的有效途径，更是新形势下保障国内供应、合理利用国内外两种资源和两个市场的战略选择。

积极参与全球粮食安全治理和农业贸易规则制定。我国已与全球60多个国家建立了农业合作机制，在农业政策、科技创新、投资贸易等领域广泛开展合作交流；已与140多个国家和地区及世界贸易组织、联合国粮农组织和世界动物卫生组织等10多个国际组织建立了长期稳定的合作关系。在全球农业治理中，积极参与全球粮食安全治理和农业贸易规则制定，促进形成更为公平合理的农业国际贸易秩序①。

当前世界农业发展形势严峻，我国农业对外开放面临诸多挑战，国际贸易不确定性增加，世界上反经济全球化、反贸易自由化的思潮明显抬头。我们更应该拿出足够的勇气和信心，立足自身，提高我国农产品与农业企业的国际竞争力；应积极推进农业合作，统筹处理好促进农业贸易发展与保护国内产业和农民利益的关系，推动农业贸易更加公平有序、农业投资更加便捷高效。

① 《中共中央　国务院关于实施乡村振兴战略的意见》，2018年中央一号文件，2018年1月2日。

6 乡村绿色发展之路

2014年3月全国“两会”期间，习近平总书记在参加贵州代表团审议时强调，正确处理好生态环境保护和发展的关系，因地制宜选择好发展产业，让绿水青山充分发挥经济社会效益，切实做到经济效益、社会效益、生态效益同步提升，实现百姓富、生态美有机统一。

6.1 绿色是乡村发展的“底色”

“绿桑高下映平川，赛罢田神笑语喧。林外鸣鸠春雨歇，屋头初日杏花繁。”欧阳修笔下的乡村美景别具魅力，红日映照下绿油油的桑树为春雨后的乡村增添了一抹盎然生机。绿色是美好乡村生活的背景色，是乡村发展的底色。党的十八届五中全会把“绿色”上升为经济社会发展的基本理念，强调坚持绿色富国、绿色惠民，协同推进人民富裕、国家富强、中国美丽。坚持绿色发展，是保持我国经济社会持续健康发展的必然要求。

6.1.1 乡村绿色发展之路的提出背景

绿色，早已在中国生根发芽。进入新世纪以来，“绿色经济”“循环经济”“低碳经济”等概念被陆续提出并付诸实践。党的十五大报告明确提出实施可持续发展理念；十六大提出建立“资源节约型、环境友好型”社会；十七届五中全会明确指出“树立绿色、低碳发展理念”，“绿色发展”被写入“十二五”规划并独立成篇；十八大报告首次单篇论述“生态文明”，第一次提出“推进绿色发展、循环发展、低碳发展”，“建设美丽中国”；十八届五中全会提出了绿色发展理念，把绿色发展作为“十三五”乃至今后更长时期必须坚持的重要发展理念；十九大报告指出要实施乡村振兴战略，并提出坚持生态宜居这一要求。

2017年中央农村工作会议上“乡村绿色发展之路”被首次明确提出，走中国特色社会主义乡村振兴道路，“必须坚持人与自然和谐共生，走乡村绿色发展之路”。在此之前，用的多是“农业绿色发展”。这是中国特色社会主义进入新时代对乡村振兴提出的更高要求。

6.1.2 如何理解乡村绿色发展之路

党的十八届五中全会上，习近平总书记首次提出了“十三五”乃至更长时期内的“五大发展理念”——创新、协调、绿色、开放、共享。绿色发展理念作为五大发展理念的组成部分，具有重要的现实意义。乡村绿色发展是在其基础上做出的进一步延伸，不仅包括农业绿色发展，还包括乡村环境治理。坚持乡村绿色发展之路，要“以绿色发展引领生态振兴，统筹山水林田湖草系统治理，加强农村突出环境问题综合治理，建立市场化多元化生态补偿机制，增加农业生态产品和服务供给，实现百姓富、生态美的统一”①。

2018年9月26日，中共中央、国务院印发了《乡村振兴战略规划（2018—2022年）》，再次强调：“牢固树立和践行绿水青山就是金山银山的理念，坚持尊重自然、顺应自然、保护自然，统筹山水林田湖草系统治理，加快转变生产生活方式，推动乡村生态振兴，建设生活环境整洁优美、生态系统稳定健康、人与自然和谐共生的生态宜居美丽乡村。”

6.1.3 乡村绿色发展之路的实施意义

走乡村绿色发展之路对保障粮食安全具有重要意义。依据全国土壤污染状况调查数据，我国的土壤污染形势不容乐观，全国土壤总的超标率为16.1%②。土壤问题突出，例如湖南等地曾因土壤污染出现“镉大米”③，长期食用会危害人的身体健康。因此，确保国家粮食安全，必须从防治土壤污染开始抓起。也就是说，走乡村绿色发展之路必须要先解决农村环境的污染问题，这对于保障我国粮食安全十分重要。

走乡村绿色发展之路是提供生态产品和服务的要求。目前，我国社会的主要矛盾已经转化为人民日益增长的美好生活需要和不平衡不充分的发展之间的矛盾。人们不再只是追求解决温饱问题，而是开始追求吃得舒适、健康、安全；不仅追求身体愉悦，而且追求精神愉悦。因此，为顺应该矛盾的转化，我们既要满足人们对物质财富、精神财富的需要，也要满足人民对美好生活环境的需要。走绿色乡村发展之路，为人民提供更多优质的生态产品和服务迫在眉睫。

---

① 《中共中央　国务院关于实施乡村振兴战略的意见》，2018年中央一号文件，2018年1月2日。

② 2005年4月至2013年12月，我国开展了首次全国土壤污染状况调查。

③ 2013年5月，广东从湖南购买的大米，被检测出是含镉毒大米，引起人们极大的恐慌。

问答

什么是绿色发展理念？

绿色发展理念包括绿色经济理念、绿色政治生态理念、绿色文化发展理念、绿色环境发展理念以及绿色社会发展理念。

绿色经济理念——一方面，经济要环保，任何活动都要以保护环境为基本前提；另一方面，要从环保活动开展中获取经济利益，将绿色生态作为一个新的经济增长点。

绿色政治生态理念——政治生态清明，从政环境优良。

绿色文化发展理念——绿色文化是与环保意识、生态意识以及生命意识等绿色理念相关的一种文化现象，以绿色行为为表象的，体现了人与自然和谐相处、共进共荣共发展的生活方式、行为规范、思维方式以及价值观念等文化现象的综合。

绿色环境发展理念——合理利用自然资源，防止自然环境与人文环境的污染和破坏，保护自然环境和地球生物，改善人类社会环境的生存状态，保持和发展生态平衡，协调人类与自然环境的关系，以保证自然环境与人类社会的共同发展。

绿色社会发展理念——在乡村发展的过程中，要以推进绿色循环发展、低碳发展为着力点，节约资源，强化环境保护和生态修复，推行绿色生产方式，使绿色社会渗入到乡村社会的不同领域和范畴中去。

资料来源：路日亮，袁一平，康高磊．北京交通大学学报（社会科学版）[J]，2018（17）：143—150.

走乡村绿色发展之路是生态宜居的要求。环境就是民生，青山就是美丽，蓝天就是幸福。发展乡村振兴战略，需要建设生态宜居的乡村。生态宜居是山清水秀、天蓝地绿、村美人和的田园风光，是天更蓝、山更绿、水更清、空气更清新的乡村绿色生活。因此，要实现农村绿树掩映、宜居宜游，必须坚持生态环境优先、扎实推进生态治理、解决乡村环境突出问题，践行“绿水青山就是金山银山”的理念，绘就新时代乡村生态宜居新画卷。

6.2 乡村绿色发展的“底气”——绿色发展之路的基础

6.2.1 物质基础是保障

党的十八大以来，我国粮食生产能力持续增强。2013—2017年，我国粮食产量已连续5年保持在6亿吨以上。农村生产力的发展决定着乡村经济的发展，粮食产量是走好乡村绿色发展之路的物质基础。

农村生产力水平的提升，与我国农村劳动力水平的提升息息相关。农村劳动力水平的影响因素涉及两个方面：一是劳动力的素质。在传统农业中，农民的素质技能主要体现在种植水稻、玉米、小麦等传统农作物上，这是我国绝大多数劳动人民都具备的技能。党的十八大以来，党和国家对农民职业技能教育愈发重视，各个省市乡镇都纷纷举办专业技能培训班、经验班，因此现在多数农民不仅掌握着传统技能，还通过技术培训掌握了专业的种植技术，劳动力素质大幅提升。二是劳动力的流动情况。过去农村存在大量的剩余劳动力，大批农民工选择进城务工。而如今，许多农村劳动力选择回到家乡，在国家农业利好政策的支持下，接受技术培训，自行创业。另外，受过高等教育的“高素质农民”或是有支农梦想的城市青年纷纷下乡，用现代化的技术和管理理念经营农业。

生产工具是生产力水平的象征，农业机械化水平代表着先进的生产力。“十三五”规划中设定了农业机械化的量化目标——到2020年农业机械化率要达到70%。十八大以来，农业机械化水平明显提高，三大粮食作物中，小麦基本实现100%机械化率，玉米、水稻也已超过75%，标志着我国农业的生产方式已由千百年来以人力畜力为主转为以机械作业为主的新阶段①。2016年我国农业机械总动力已达到11.44亿千瓦，与2015年相比增长了2.4%，装备机构持续优化②。以上均表明我国农业生产力水平得到大幅提升。

6.2.2 科技支撑是抓手

科学技术在人类历史发展中具有巨大的推动作用，是促进社会发展的第一生产力。随着我国经济发展进入“新常态”，中国已经逐步进入依靠科技创新推动经济发展的新阶段。科技进步贡献率逐年上升，在2017年达到57.5%③。农业作为国民经济的基础产业，其发展离不开科技支撑。走好乡村绿色发展之路，更少不了科技支撑。节水灌溉、光伏农业、废弃物利用等前沿技术的

① 《十八大以来农业农村经济呈现“六个新”》，人民网，2017年9月29日。

② 《农作物综合机械化提高》，人民日报，2017年2月5日。

③ 据2018年全国科技工作会议，2017年我国国际科技论文总量和被引用量均跃居世界第二，发明专利申请量和授权量居世界第一，有效发明专利保有量居世界第三，全国技术合同成交额达1.3万亿元，科技进步贡献率达57.5%。

突破，为绿色农业发展提供着“最强大脑”[①]；现代管理机制助推乡村发展，科技成果的转化实现了从实验室走向田间地头的愿景。农业科技是顺利实现乡村绿色发展和乡村振兴等既定目标任务的重要抓手。推进农业科技发展任重而道远，需要科学谋划，落细落实，久久为功。

6.2.3 思想引领是动力

正确的思想可以为我们指明前行的方向，习近平总书记的绿色农业发展观引领着乡村绿色发展之路的走向。绿色农业发展观中包含着新自然观、新系统观和新经济观。

绿色农业发展观蕴含了“自然价值和自然资本”的新自然观。自然生态是有价值的，不仅包括了本身的价值，而且对维持自身的完整、稳定、良性循环与平衡发展有影响、有价值，20世纪80年代习近平就阐释过自然生态维持自身平衡的价值，认为保护自然应得到合理回报与经济补偿[②]。在新自然观的引领下，我们在生产、生活过程中，要尊重自然规律，充分利用好自然价值和自然资本，建立起生态格局。

绿色农业发展观蕴含了“人与自然是生命共同体”的新系统观。“山水林田湖是一个生命共同体，人的命脉在田，田的命脉在水，水的命脉在山，山的命脉在土，土的命脉在树”“由一个部门负责领土范围内所有国土空间用途管制职责，对山水林田湖进行统一保护、统一修复是十分必要的。”习近平总书记在2013年的论断打破了条块分割的传统自然观，“头痛医头、脚痛医脚”的环境治理模式开始转变，一系列调整生产结构、调节生产时序，逐步恢复自然生态和资源承载力的政策措施陆续出台[③]。而后，十九大报告将“草”与“山水林田湖”系在了一起，充分体现了生命共同体思想和系统观思想。

绿色农业发展观蕴含了“环境就是生产力”的新经济观。“破坏环境就是

①②③《和！绿色打底农业新颜》，农民日报，2018年3月1日。

破坏生产力，保护生态环境就是保护生产力，改善生态环境就是发展生产力”的论断确立了环境在生产力构成中的基础地位，绿色GDP成为指导和考察地方政府发展经济、治理社会的指挥棒，曾经贫穷落后的地区“把农村丰富的生态资源转化为农民致富的绿色产业，把生态环境优势转化为生态农业、生态工业、生态旅游等生态经济优势”的发展新格局正在形成[①]。

6.3 乡村绿色发展的“脚步”——绿色发展之路的成果

党的十八大以来，生态文明的建设、绿色乡村的发展取得了前所未有的成就。山水林田湖草的“命运共同体”已初具规模，绿色发展理念融入了生产、生活，经济发展和生态建设齐头并进，给农村带来了新颜值，让农民有了新依赖，使农业有了新价值坐标，美丽中国建设已驶入了快车道。

①《和！绿色打底农业新颜》，农民日报，2018年3月1日。

6.3.1 农村有了新颜值

绿色是乡村发展的底色，因城市产业转移、农村工业发展而一度饱受污染的乡村也慢慢回到了欧阳修描绘的“绿桑高下映平川”的美景，乡村面貌焕然一新，美丽乡村、绿色乡村等形容词实至名归。我国历年来为保护环境所做的努力，使乡村有了新颜值。

污染物排放总量持续下降。具体而言，二氧化硫排放量从2012年的2.118亿吨降低到2016年的1.1亿吨左右，降幅达48%；氮氧化物的排放量从2012年的2.34亿吨左右降低到2016年的1.39亿吨，降幅达41%。酸雨面积大大缩小，主要江河水环境质量逐步好转。此外，重金属污染物排放量也明显下降。

三大污染防治战役“武器齐备”。《大气污染防治行动计划》《水污染防治行动计划》《土壤污染防治行动计划》相继颁布，分别针对大气、水、土壤制定了一系列详尽的改善目标和治理措施，充分彰显了国家全面实施大气、水、土壤治理三大战略的决心和信心。

农村环境整治取得成效。截至2014年底，中央财政共投入255亿元农村环保专项资金开展环境综合治理，重点对生活垃圾、生活污水和畜禽养殖污染进行处理，5.9万个村庄、1.1亿农村人口从中收益，农村环境面貌焕然一新。

《乡村振兴战略规划（2018—2022年）》指出，要全面实施乡村绿化行动，严格保护乡村古树名木，重点推进村内绿化、围村片林和农田林网建设。基本实现“山地森林化、农田林网化、村屯园林化、道路林荫化、庭院花果化”的乡村绿化格局。

6.3.2 农民有了新依赖

过去，农民依赖单一的农业生存和发展，或是为了发展经济而破坏环境。如今，国家和政府多措并举，大力促进农业生态新格局的建立，给农业、农村、农民的未来带来了新依赖。

近年来，我国注重修复生态系统，采取了一系列行动措施，如实施耕地质量保护与提升行动、推行耕地轮作休耕制度、实行草原生态保护补助奖励政策，建设水生生物自然保护区和水产种质资源保护区等。目前已取得较大成效，“十二五”期间高标准农田建成4亿余亩，草原综合植被盖度在2016年达到54.6%，水生生物保护区建成200多个，总面积超过10万平方千米[①]。通过修复生态系统，农业生态新格局正逐步建立。

6.3.3 农业有了新价值坐标

绿色发展给农村带来了巨变。过去农村穷、农民苦、农村生活不方便，让许多农民产生了“农村没发展前途”的自卑和自疑，而通过乡村绿色发展引领乡村振兴，农村的绿色农产品与自然的亲近性特点凸显，且随着政府精准扶贫和美丽乡村建设的深入推进，中国乡村开始有了新的价值坐标，农民正在找回农村发展的自信。

① 何烨：《让农业重回本色》，农民日报，2017年9月18日。

我国幅员辽阔，各地地理特征、自然条件千差万别，人文历史也各有千秋。数千年来，各地农业仅遵循传统的“男耕女织”模式，并未发挥其特色优势。今天，在绿色农业发展的推动下，各地农村因地制宜，发展出符合自己村落特色的产业，并开始有了代表性的区域名片，例如广西的沙田柚、福建的文昌鱼、浙江的金华火腿、云南的普洱茶、江苏的阳澄湖大闸蟹等。

6.4 走好乡村绿色发展之路

6.4.1 山水林田湖草系统治理

山水林田湖草系统治理需遵循以下五项基本原则。

系统性原则。系统性原则是统筹山水林田湖草系统治理的首要原则。山、水、林、田、湖、草是一个复杂的系统，应遵循系统的原则进行整体规划以及综合治理。若只是“头痛医头，脚痛医脚”，则只能事倍功半，甚至事与愿违。

全面性原则。因为生态环境没有边界，区域和区域之间会互相影响。因此，要遵循全面性原则，治理范围对全国全面覆盖，每个省份、市、县、乡村都要涵盖，不留一个空地和死角，以达到治理和改善整体生态环境的目的。

综合性原则。遵循综合性治理原则，综合使用政治、经济、法律、教育等方面的措施对山水林田湖草综合治理，单独使用某一种措施很难取得预期的成效，甚至会事倍功半。

区域性原则。我国幅员辽阔，各个区域的生态环境差异明显，山、水、林、田、湖、草的分布以及特性也不尽相同。因此要依据区域性原则，对不同区域、不同的具体问题，有针对性地进行治理，促进山水林田湖草系统因地制宜发展。

长期性原则。系统治理山水林田湖草系统，要树立长远的目标。生态的增长和恢复是一个长期性的过程，不可能达到立竿见影的效果，因此要遵循长期性原则，锲而不舍，才能实现目标。

要提高公民对生态治理的认识。生态治理与人的认知息息相关，因此应注重发挥村干部的引领作用，积极开展各类宣传教育活动，提高农民群众对生态治理的认知，使其充分认识到山水林田湖草系统治理的重要性和紧迫性，树立起“绿水青山就是金山银山”的理念，像对待生命一样对待生态环境，使农村发展朝着绿色方向迈进。

要科学规划治理方案。以推进生态文明、建设美丽中国为目标，针对山水林田湖草科学规划治理方案，在科学规划的基础上，积极推进生态治理。按照分区实施、分类治理、分步推进的方式，将治理工作做实、做细。首先要确保“有法可依”，进一步完善相关法律、法规和规章制度；其次要做到“执法必严，违法必究”，严格按照相关规章制度处理问题，对于不合法、不合规或违法、违规的行为要坚决处理，毫不留情；最后要加强法制教育，营造“人人懂法，个个守法”的良好社会氛围。

6.4.2 突出环境问题综合治理

当前我国农村环境污染主要分为三类：一是农业生产污染，如农药、化肥的过度使用对农村土壤、水质造成污染；二是农村生活污染，如农村居民、游客产生的生活垃圾、污水等；三是农村范围内的工业污染，如企业排放或畜禽养殖产生的污染物等。《乡村振兴战略规划（2018—2022年）》提出，要深入实施土壤污染防治行动计划，加强重有色金属矿区污染综合整治，加强农业面源污染综合防治，加大地下水超采治理，严格工业和城镇污染处理、达标排放。突出环境问题综合治理需遵循以下三项基本原则。

各方力量合作共治原则。农村环境治理问题单单依靠一个主体，是无法解决的。要充分调动各方力量，主体应当包括政府、农村居民、企业和环保组织等，只有在政府的引导下，各个主体积极参与，加强沟通协调，实现良性互补，才能真正完成农村环境治理这一重任。

治理手段多样性原则。突出环境治理除了使用单一的行政或法制手段外，还应积极利用其他一切可能的治理手段，如通过改进技术提高治理效能、通过宣传教育提高公众环保意识、引导社会组织加强监督、大力发展绿色循环经济等。

动态治理原则。环境治理是一个动态的过程，各环境治理主体应当综合考虑所处的现实阶段及现实条件，根据乡村建设中出现的具体问题，采取不同的治理手段，运用不同的合作方式对环境污染进行有效治理。

要充分发挥政府的主导作用。由于历史因素的影响，政府在进行治理时往往秉持政府治理的理念，忽视了其他主体应当起到的作用，应变革治理理念，发挥政府的主导作用而不是全权承担治理责任。政府应树立合作治理理念，坚持各方力量合作共治原则，引导农村居民、企业以及社会组织参与其中；变革政绩考核机制，变唯GDP观为生态文明政绩观，将环境质量、生态质量等因素纳入政绩考核中；变革环境管理体制，促进环境监管部门的垂直化管理，减少管理成本，通过科技手段或购买服务（如视频监控、自动检测等设备）的方式提高农村环境监管效能。

要积极利用市场手段，发挥其在资源配置方面的优势。首先，全面推进循环经济，充分利用循环经济闭环流动方式，减少生产过程中的污染排放、提高资源利用率。其次，建立健全农村环境保护补偿机制，对受损的农村居民进行重点补偿，推进生态补偿标准体系的确立和协调平台的搭建，加快形成受益者付费、受害者和保护者得到补偿的运行机制。最后，适当加大农村治理财政资金投入，同时使融资途径多元化，创造良好的农村投资环境以吸引社会资金涌入。

要调动公众参与的积极性。首先，健全公众参与的相关法律法规。完善的法律法规不仅可保障环保组织和农村居民的合法权益，促使其真正参与进入环境治理问题，还能对企业进行有效监督。其次，加强农村居民环保意识。目前大部分农民环保意识相对不足，缺乏相关专业知识与技能，导致其在参与过程中存在诸多问题。政府、环保组织等主体应及时向农民宣传相关的政策和知识，提高农民的环境治理认知和能力。最后，发挥好村民委员会的引领作用。村委会作为农村的自治组织，应发挥其带头作用，凝聚农民力量，处理好农村环境问题。

6.4.3 生态补偿机制多元化市场化

我国是一个生态环境脆弱的国家，有一系列典型生态脆弱区，如黄河上游地区、黄土丘陵沟壑区以及干旱荒漠区等。由于缺乏有效的生态保护机制，加之人为的种种不合理开发，使得水土流失、草地沙化、沙尘暴、泥石流等自然灾害频频发生。修复生态环境，除了统筹山水林田湖草系统治理以及突出环境问题综合治理之外，还要完善生态补偿机制，促使生态补偿机制市场化多元化发展。

问答

生态补偿的多重含义是什么？

生态补偿具有多重含义：第一种是“自然生态补偿”的概念，指自然生态系统对外界干扰的缓和、调节和恢复的能力；第二种是生态学中的“生态补偿”，指人们采取措施弥补生态占用的行为；第三种是环境经济领域的“生态补偿”，指通过经济手段和制度安排促进生态保护。我国“生态补偿”的含义经历了从生态学意义到经济学意义的发展过程。

完善生态补偿机制需遵循以下五项原则。

公平性原则。生态环境资源是人类的共同财富，所有人既有平等的享用权，也有平等的保护生态环境的义务。公平性原则主要体现在：生态环境的保护者、受害者得到相应的补偿，而生态环境的破坏者、开发者和受益者则应付费。

需求与现实相结合原则。建立生态补偿机制，既要保护生态环境，又要考虑到国家和地区的经济承受能力以及科技发展水平。不同地区生态环境的恶化程度不同，因此要根据现实情况因地制宜地集中治理，这样才有可能取得最佳效果。

政府取向和市场取向相结合原则。生态补偿是政府的一项公共服务事业，政府有职责对生态环境的保护进行统筹管理。但在很多情况下，人为因素极大地影响着生态环境，应引入市场机制，利用市场的资源配置作用，促进生态补偿机制的市场化，促使各方进行生态投资，减少各主体的环境污染行为。

长期前瞻性原则。生态环境保护是一个长期性的工作，因此，建立生态补偿机制不仅要应对好当前的问题，还应有前瞻性，要设立相应机制，预防未来可能发生的相关环境问题。

广泛参与性原则。生态环境的修复涉及多个主体，生态补偿机制的完善也涉及各个方面。因此，要坚持广泛参与原则，使利益相关方积极参与、相互监督，动员各方力量，使生态补偿机制在阳光下运行。

要坚持政府的主导地位。加大重点生态功能区转移支付力度，建立省以下生态保护补偿资金投入机制。完善重点领域生态保护补偿机制，鼓励地方因地制宜探索赎买、租赁、置换、协议、混合所有制等方式加强重点区位森林保护，落实草原生态保护补助奖励政策，建立长江流域重点水域禁捕补偿制度，鼓励各地建立流域上下游等横向补偿机制[①]。

要充分发挥市场的作用。一方面，引入补偿标准的市场化形成机制，补偿标准不应由政府单方面确定，可通过招投标等方式引入市场竞争机制，既能降低政府的政策执行成本，又能够为补偿者所接受。另一方面，使补偿支付的方式市场化，探索实物补偿、服务补偿、设施补偿、对口支援、干部支持、共建园区、飞地经济等方式，提高补偿的针对性[②]。

6.4.4 丰富生态产品和服务供给

目前我国已进入社会主义新时代，人民的生活水平有了极大提高，物质产品和文化产品都得到了基本满足，人民需求已经从“物质文化需要”转变为“美好生活需要”，尤其是对生态产品和服务的需求。为更好满足人民需求的变

①② 中共中央、国务院印发的《乡村振兴战略规划（2018—2022年）》，2018年9月26日。

化，在丰富生态产品和服务供给时需遵循以下两项原则。

可持续原则。在丰富生态产品和服务的供给过程中，既要尊重生态产品和服务的商品属性和价值规律，也要尊重其自然属性和客观规律，以此来适应经济社会的发展要求。

市场调节与政府调控结合原则。目前，生态产品和服务的供给主要是以国家为主，国家实行统一的管理和调控。在国家进行初始分配之后，要充分发挥市场对资源的配置作用，遵循市场调节与政府调控相结合的原则。

问答

什么是生态产品和生态服务？

何谓生态产品？学界对此一般有两种解释：一是把生态产品视为与绿色产品、有机产品含义相当的产品，也就是说，是通过生态环保方式生产出来的物质产品。二是将生态产品视为满足人类美好生活需要的公共产品，具有典型的非竞争性、非排他性。

何谓生态服务？生态服务是指为人类提供价值和效益的生态过程及其功能表现，是生态功能按人类价值取向的需要为人类提供服务的那部分功能，或者说，是生态系统及其过程为人类提供服务的价值表现，包括人类从生态系统获得的各种惠益，如供给服务、调节服务、文化服务和支持服务。生态服务不仅包括自然生态系统服务，还包括人文生态服务。

资料来源：陈国阶，何锦峰，涂建军．长江上游生态服务功能区域差异研究[J]．山地学报．2018（4）：4406-4412．

丰富供给的前提是要保证基本供给，促进优质高效供给。首先，要保证生态产品和服务的基本供给，深入实施生态建设，严守资源消耗上限和环境质量底线，守住生态红线、城市开发边界红线和耕地保护红线，建立相关保护监督平台，强化刚性约束。其次，要促进生态产品和服务的优质高效供给，从生产和消费两端发力，提升产出效益和供给效率；加快绿色产业转型，促进生态效益与经济效益同步提升；实施循环经济，促进资源节约和高效利用。

要加快创新，促进生态产品和服务的永续供给。完善自然资源资产产权和用途管制制度，对水流、森林、山岭、草原、荒地、滩涂等自然生态空间进行统一确权登记；完善生态补偿和生态环境损害赔偿制度，加快形成生态损害者赔偿、受益者付费、保护者得到合理补偿的运行机制；完善生态环境与资源监管体制；探索资源环境和生态保护市场化原则以及新机制[①]。

① 王润涛：《增加生态产品供给 助推美丽湖北建设》，湖北日报，2017年2月19日。

7 乡村文化兴盛之路

党的十九大提出实施乡村振兴战略，乡村振兴本质上是不截断中华文明的振兴，是中华农耕文明的再延续。中国是一个农业大国，有着五千多年的灿烂农耕文明，以农立国、以农促国、以农兴国是中华民族区别于其他国家的鲜明特征。在人类发展的历史长河中，中华民族延绵永续的根基力量就是来源于农耕文明的生生不息。新时期，乡村文化兴盛之路，必须追本溯源，寻根于农耕文明，从农耕文明中汲取文化兴盛的养料，为文化持久兴盛注入不竭动力。

7.1 必须传承与提升农耕文明

7.1.1 农耕文明是中华文明的基本底色

农耕文明是中华文明的根基，中华民族伟大复兴必须注重根基的力量，从根基中寻找复兴的原动力。一方面，农耕文明具有强大的凝聚力。农耕文明是在长久的农业劳动过程中产生的一种文明，这种文明讲“合”轻“离”，注“统”疏“分”。在传统时期，农耕文明最直接的表现就是相互合作，诸如合伙耕地、相互换力、邻里互助等，这种互帮互助的交往形式，在潜移默化中塑造着农耕文明强大的凝聚力。另一方面，农耕文明具有强大的向心力。农耕文明以农业生产为主，农业生产的基本目的是谋求生存，这一目的使得农业生产者天然具有行动的一致性。在历史时期，遇到大灾大害，以小农为主的农业生产者均会相互合作，共同抵御生存风险，由此在长久的历史发展中塑造着共同的向心力。

2018年的中央农村工作会议强调，实施乡村振兴战略，必须传承发展提升农耕文明，走乡村文化兴盛之路。《乡村振兴战略规划（2018—2022年）》又进一步强调要“繁荣发展乡村文化”。乡村文化与农耕文明相伴随行。农耕文明不仅是乡村文化的重要来源，更是中华文化的关键组成部分，同时亦是中华民族延绵不竭的根本动力。强、富、美乡村的建设与全面小康社会的实现，必须传承与提升农耕文明，正视农耕文明的积极作用，从中华民族的根脉上寻求新的发展动力。

农耕文明是人类文明最原始的形态，是中华民族延绵永续的基因底色。中华民族之所以能够在人类文明长河中耀眼夺目，最根本的就在于农耕文明的丰富性和持久性。农耕文明决定中华文明的基因底色，集中表现在以下几个方面。

一是，农耕文明孕育自给自足的生活方式。中国是一个农业大国，千百年来塑造了农民以土为生的谋生方式，这种谋生方式最大的特征是以土为根，以土为乐，以土为命。而土地具有空间的不可移动性，由此占中国绝大多数人口的农民，就围绕着土地进行日常生产、生活，长久延续，便形成了自给自足的传统小农生产模式，这种自给自足的小农生产模式构成了中华民族日后的主要生产与生活方式。

二是，农耕文明塑造优秀的文化品质。农耕文明的核心是以农为本，而以农为本的文明蕴含着一系列传统美德。农耕文明以和为贵，强调仁义礼智信，主张用情、理、法相结合的方式修身齐家治国平天下。在农耕文明的不断演进中，中华民族诸如敬老爱幼、勤俭节约、吃苦耐劳、孝顺父母、爱好和平等优秀的品质得以延续与传承，并成为中华民族屹立于世界民族之林的独特文化标识。

三是，农耕文明是中华文明延续不竭的源泉。中华民族在几千年的发展历程中多次受到外来入侵，但外来入侵并没有截断中华民族发展的脚步，反而让中华民族发展日益坚挺，究其原因就在于农耕文明的黏性。一方面，农耕文明以土为本，满足了亿万农民吃饭的基本需求，为中华民族的延绵永续提供了强大的人力资源；另一方面，农耕文明讲究世代传承，强调宗法秩序，这使得中华民族具有强大的凝聚力与向心力。

图说

农耕文明是孕育农村传统文化的母体和基础。在延续千年的农业经济社会中，农耕文化是大部分优秀传统文化的主干成分，是中华民族宝贵的精神文化资源。有学者将农耕文化的哲学意蕴概括为“应时、取宜、守则、和谐”。

应时指按照自然节律和作物生长周期安排生产劳作（二十四节气），应时既反映了劳动人民对自然规律的掌握，又表达出农耕社会人们对自然的敬畏。取宜即因地制宜，是农业生产的重要措施，反映了对实践经验的总结，在指导人们认识自然、改造自然中发挥了重大作用。守则即恪守准则、尊重秩序，蕴含了以农为本、以和为贵等优秀文化品格。和谐来源于农耕生活的平实性与和谐性，绵延千年的农耕文明造就了中华民族爱好和平、自强不息的精神。

7.1.2 乡村文化深植于农耕文明

农耕文化是乡村文化的本源，乡村文化的兴盛来源于农耕文明。一方面，乡村文化的内容来源于农耕文明，乡村文化技艺、风俗、传统、规训都是农耕文明的一部分；另一方面，乡村文化的延绵根源于农耕文明，乡村文化流传、发展、延绵都是农耕文明提供的不竭动力。换言之，乡村文化深植于农耕文明，它既是文化活动的内容，又是文化产业的基础，更是中华民族传统美德的传承载体。

乡村文化深植于农耕文明，主要表现在以下三个方面。

一是传统村落是中华文明的历史沉淀。它记录着优秀文明的演进历程，是农村传统文化的重要载体，具有地域性与民族性的双重特征。传统村落既反映着人与人、人与村落、村落与自然环境的和谐关系，是其精神意志的集中反映，又凝结着根深蒂固的地域民俗文化。不同的地域物产资源与气候条件，决定着不同地域适宜居住的建筑样式；不同民族的村落建筑，又反映出各民族独具特色的文化精神与审美情趣。

二是传统美德衍生于农耕文明。传统美德是乡村文化的重要组成部分，而乡村文化主要来源于农耕文明的孕育与衍生。一方面，农耕文明为乡村文化提供了衍生的基本土壤。农耕文明的基本载体主要有村落、田地、河流、山川等，而这些都是乡村文化的重要内容，离开村落、田地、河流与山川的乡村文化便是缺少灵魂与根基的泛文化；另一方面，农耕文明为乡村文化提供了新的文化源泉，乡村文化之所以能够传承永续，最根本的就在于农耕文明为其提供源头与素材，缺少农耕文明的乡村文明便是无根的文明。

三是乡土秩序依托于农耕文明。封建时代，皇权不下县，乡村无为而治，乡村治理的典型特征是依托农耕文明进行自主治理。农耕文明强调邻里互帮、宗法秩序、家教等级。在乡土熟人社会中，以农为核心、以家为单位、以村为边界的治理便成为乡村最主要的秩序。乡村文化最主要的一部分就是乡土治理，而以农为底色的农耕文明是乡村治理的底色基石。

7.1.3 在继承与扬弃中振兴乡村文化

乡村文化是传统文化的重要组成部分，乡村文化经过近千年的发展与演变，已经成为中华文明灿烂的一部分。然而，我们在传承与弘扬传统文化的时候，需要秉持“取其精华，摒其糟粕”的态度，对于优秀的文化需积极传承与弘扬，而对于落后与封建的文化需摒弃与抵制。特别是在社会主义建设的新时期，尤其要注重文化的“真伪性”，要积极倡导传统优秀的真文化，让优秀的真文化成为助推全面建设小康社会和中华民族伟大复兴的新动力。

对待传统文化，需要明辨传统文化的科学性与落后性。一方面，传统文化中优秀的部分要积极倡导与弘扬，诸如仁、义、礼、智、信、忠、孝、悌、节等优秀的文化需要大力弘扬，让其成为人人遵守的文化标识，特别是在当今社会主义建设的新时期，更要注重“取其精华”，让优秀的传统文化成为全社会行动的指南；另一方面，传统文化中除了优秀的文化，也有落后的文化，需要指出的是，这种落后的文化并非在一开始就落后，而是随着时间的推移和社会的不断发展，逐渐呈现落后性。对待这种落后性的文化，需要“摒其糟粕”。

传承与弘扬乡村文化需注重以下几个方面。

一是正确对待传统文化。传统文化作为农耕文化的重要组成部分，是经过长期历史发展所形成的文明精华，对待传统文化应持积极的态度，但需要注意区分先进文化与落后文化，对于先进的、科学的、有益的传统文化应积极弘扬，而对于落后的、迷信的、有害的传统文化应果断摒弃。

二是积极弘扬传统文化。中华文明区别于其他国家的根本就在于中华文明的独特性，特别是在社会主义建设的新时期，要积极弘扬传统文化，将传统文化在传承与延续中发展壮大，并对蓄意破坏传统文化的行为坚持予以抵制。

三是培育与扶持传统文化。传统文化的发展与延续需要积极培育与扶持，这需要政府、社会和村民等各主体积极保护与传承传统文化。具体而言，政府要出台相应文化保护法，保护优秀的传统文化；社会要营造传统文化延续的友好氛围，为传统文化提供传承空间；村民作为传统文化继承与创造的主体，要主动发掘优秀的传统文化，让优秀的传统文化久远流传。

7.2 加强农村思想道德建设

7.2.1 农村社会变迁与思想道德建设

马克思与恩格斯指出："人民的观念、观点和概念，一句话，人们的意识，随着人们的生活条件、人们的社会关系、人们的社会存在的改变而改变，这难道需要深思才能了解吗？"[①] 农村思想道德建设，离不开农村生产方式变革，

① 《马克思恩格斯选集》（第1卷），人民出版社，1995年版。

离不开农村社会组织方式变迁。因此，要加强我国农村思想道德建设，首先要梳理近代以来我国农村社会变迁的基本历程。

7.2.1.1 传统农村社会的超稳定状态　传统社会中的农业生产是一种自然经济，农民长期处于自给自足、自我封闭的生活状态。尤其是在租佃制封建地主经济条件下，农民的生产方式鲜有变化。一方面农民不掌握生产资料、不具备变革生产方式的能力，因此长时期内农民生产的主要目标是自给自足；另一方面，统治阶级和地主的双重压迫使得农民群体很难主动打破规则，久而久之农民成为传统规则的奴隶。

传统社会中的农民具有以下几个特点：从空间上看，因生产力有限而导致生产生活的地域局限。农民长期处于相对封闭、孤立的社会生活状态，当时农民的社会关系主要依赖于血缘、亲缘、地缘，传统农村社会的组织结构和治理模式就是基于这样的条件形成的。从时间上看，农民的思维模式长久不变。传统的农业生产方式已延续千年之久，封建统治者有意识地压制农民群体创新意识的发展，小农意识成为固化思维，巨大的惯性导致农民产生了重经验而轻知识的思维模式，进而形成墨守成规的社会心理。从组织关系看，农民在农村社会中的约束主要来自宗族、长辈。地域局限性以及重经验、轻科学的社会心理为传统农村社会中宗族治理的形成创造了条件：一是地域局限性导致传统农村社会人员流动缓慢，人丁兴旺的大宗族拥有绝对的话语权；二是家族中德高望重、经验丰富的长辈是宗族的组织核心，经验的传承等价于威望、权利的传承，能够安排生产任务、婚丧嫁娶等一切活动。

7.2.1.2 农村社会变迁的“启蒙运动”——苏维埃运动　苏维埃运动分别从政治、经济、文化、教育等多方面对中国农村社会变迁起到显著的推动作用。在政治结构上，苏维埃运动建立工农政权，推翻了封建地主阶级的统治。在苏维埃地区，建立起的由劳苦群众组成的工农政权彻底改变了传统农村的阶级关系以及社会政治格局。在经济建设上，开展土地革命、推进合作制经济发展，极大地解放了农村生产力。苏维埃政府鼓励并引导人民群众建立生产、粮食等多种合作社。在文化教育上，苏维埃政府摒弃旧的传统教育方式，将马克思主义原理同中央苏区的实际情况结合起来，建立起以共产主义精神教育为核心的中央苏区教育。中央苏维埃政府高度重视文化建设，随着革命的现实需要逐步建成了相对完整的教育体系。农村教育文化情况的改善，最直接的体现是农民意识观念上的变化，观念的变化为以后的革命发展创造了良好的条件。

7.2.1.3 国家权利推动的强制变迁　新中国成立后至改革开放以前，我国农村基层组织变革大致可分为三个阶段。

基层政权重建阶段：农村基层政权的重建阶段主要有两个方面的工作：一是废除“保甲制”；二是在全国范围开展土地革命。马克思理论认为，农村社会中的社会关系受到生产关系的制约，尤其是受到土地占有关系的制约，因此变革土地所有关系是重建农村基层政权的重要前提。开展土地改革对于重建基层政权来说，至少有三个方面的好处：一是基本摧毁了农村社会中旧的社会秩序；二是激发了农民参与基层组织建设的积极性；三是获得了民众对新政权的高度认同。在农村群众政治觉悟空前提高的同时，中央开展系统全面的基层组织体系建设，建立起政权组织、自治组织、党的基层组织“三位一体”的基层组织体系。

调整与适应阶段：土地改革结束以后，由人民代表会议、农民协会、基层党组织构成的基层组织体系虽然得以确立，但是随着国家工作重心的转移出现了一些新的挑战，主要表现在：一是党中央对农民个体经济的态度出现转变，二是大规模的社会主义工业化建设需要得到农业的支持。因此，农村基层组织体系进入到调整与适应阶段，这一时期的主要特点是基层政权力量得以不断增强。

冒进阶段：经历过适应调整阶段之后，在我国农村已基本形成了政权组织、自治组织、党的基层组织“三位一体”的管理模式，但是随着“大跃进”运动被推上高潮，已有的组织体系已不能满足现实需要，人民公社制度逐渐走进人们的视野。从组织特点来看，“政社合一”“一大二公”是人民公社的重要特征，具体表现在公社的“双重职能”，即兼具国家行政管理和集体经济经营管理职能，既是农村基层的政权机关，同时又是生产、生活的实际组织者；从分配方式来看，人民公社实行供给制与工资制相结合的分配制度；从管理模式来看，人民公社实行统一领导、分级管理的制度，成为国民经济的基本核算单位，标志着公共财产的所有权转移至人民公社，农民群体的组织化程度空前提高。人民公社运动摧毁了已经建立起的“三位一体”管理体系：自治组织不复存在，政权组织和党的基层组织在形式上、内涵上统一为“人民公社”，成为我国这一时期农村政权组织的最终形态。

7.2.1.4 创新要素推动的自然变迁 改革开放以后的农村基层组织建设，在理念上有了一个很大的进步：正视农业、农村、农民在国民经济中的弱势地位。在基层组织的建设过程中，尤其是基层党组织的建设过程中，以提高基层民众在政治中的民主地位，提升农村物质水平、文化水平为目标，使农村社会面貌发生了根本性转变。

第一，明确乡、镇人民政府为基层政权组织，恢复村民自治制度。明确村民委员会是村民自我管理、自我教育、自我服务的基层群众性自治组织，充分保障了农村基层社会主义民主的发展，为农村基层社会物质文明、精神文明的发展创造了条件。

第二，突出基层党组织在农村经济建设中的领导地位。改革开放以来，中央高度重视农村经济建设，加强基层组织建设的同时不断强化基层党组织在农村经济中的领导核心地位。在农村经济的建设过程中，首先加速发展乡镇工业、放活农村经济，其次推进农村生产商品化，最后改革农村产业结构。

改革开放以来的农村变迁，以人民群众对于美好生活的追求作为变迁的起点，国家政权力量及时补充、引导并予以规范，进而形成了这次由创新要素推动的自然变迁。

新中国成立后尤其是改革开放以来，农村社会组织结构变迁对农村地区人民群众思想道德意识产生了显著影响，概括起来主要有以下三方面。

一是集体意识、法制观念逐步增强。苏维埃运动、合作化运动对中国传统农民的影响是颠覆性的，这些事件打破了传统农村社会以血缘为纽带的社会关系，建立了相对开放、团结的新型“乡里关系”。尤其是改革开放以后，传统农民逐渐参与到市场经济的商品交换中来，在市场化环境中逐渐形成了平等、互助、合作等基本观念意识，小规模生产在激烈的市场环境中“被迫”集合起来，逐渐发展成为集体合作制或股份制企业，在一定程度上进一步强化了农民群体的合作意识和集体观念。此外，改革开放以后农村基层政权组织的变革，进一步强化了农民群体的法制意识，如以法律形式确定乡、镇人民政府的基层政权组织地位，恢复农民自治制度等。

二是进步意识、学习意识明显增强。传统农村社会中的农民群体长期处于自给自足、自我封闭的生活环境下，缺乏变革意识，在自然经济的基础上，农民群体的认知心理、价值观念、思维方式等高度受制于家族发展，形成了所谓的“小农意识”，主要表现为追求安宁和谐，崇拜自然、崇拜祖先，缺乏独立精神，不具备人格平等的现代意识等。新中国成立以后，农村基层政权组织发生剧烈变革，宗族长辈不再是“不可侵犯”的规则、权威，农民群体被赋予民主权利，能够参与选举、决议，能够对家庭的生产活动做出决定，农民群体的自尊心、自信心不断增强，逐渐培养出强烈的自主意识和学习意识，不断向科学、先进的现代公民转型。

三是职业平等观念和生产经营意识大幅增强。传统社会以农业经济为主，形成了重农务本的社会氛围，在农民群体中，农业被奉为“正统行业”，商业则被视为“非正统行业”。改革开放以后，农村经济体制改革打破旧思维的限制，商品经济的日益发达让农民群体意识到农业并不是农民的唯一出路，非农职业开始逐渐受到农民群体的重视，职业平等观念逐步建立起来。随着农业生产逐渐与工业、服务业融合，农民现代生产经营观念显著增强，主动将先进的科学技术和经营理念运用到实际生产中，其独立性和自主性明显提升，并随着市场经济的完善不断革新生产经营观念。

乡村文化建设

7.2.2 加强农村思想道德建设，弘扬时代新风

《乡村振兴战略规划（2018—2022年）》指出：“持续推进农村精神文明建设，提升农民精神风貌，倡导科学文明生活，不断提高乡村社会文明程度”。在加快推进农村思想道德建设的过程中，要注重从农村实际条件出发，明确不同群体在农村道德建设中的责任、义务。按照年龄标准可将“农村思想道德建设”主体划分为成年群体、青少年群体、儿童群体等，按照政治身份、政治面貌可划分为村干部、党员、普通群众等。

村干部要充分发挥引导作用。尽管基层党组织建设能力已经得到加强，但是在我国不少地区基层党组织弱化、不作为的情况依旧十分普遍，乡村干部忽视对村民进行正能量的引导，任凭社会上的不正之风漫延，这不仅会造成农村思想道德发展畸形，缺乏良好的村风氛围，还会引起一系列治安问题，导致乡村经济发展落后。加强农村思想道德建设，乡村干部必须正确作为，引导村民形成正确的价值观，切实加强思想道德建设，加快培育农村地区社会公德、职业道德、家庭美德，提升村民个人品德。

党员要充分发挥模范带头作用。基层党组织是党在社会基层组织中的战斗堡垒，党员要发挥模范带头作用，向群众展现优良的精神风貌和高尚的思想道德水平。另外，基层党组织要进一步发挥凝聚作用，加强和改善党的领导，在发展农村经济的同时，支持、鼓励村民依法开展自治活动，切实有效推进农村思想道德建设。

乡贤要充分发挥旗帜作用。新乡贤文化由全国人大代表钱念孙提出，指官员、知识分子和工商界人士“告老还乡”，进一步在农村发展中发挥余热，形成农村人才“流出—返回”的良性循环。乡贤文化根植于中国传统文化，包含着中国社会主义核心价值观的精髓，反映了爱国、敬业、诚信、友善等可贵品质。农村思想道德建设，要充分发挥乡贤的旗帜作用，使乡贤成为群众传颂、模仿的榜样人物，让社会主义核心价值观在农村地区代代相传。

加强农村思想道德建设是一项系统工程，要做好顶层设计，多点发力形成合力，应从以下三个方面着手：一是农村经济建设方面要继续深化农村经济体制改革，为思想道德建设提供经济基础，有助于提供更加丰富多元的思想道德建设手段；二是农村基层党组织建设方面要继续加强基层党组织的领导，加强和稳固基层党组织在农村群众中的根基，切实做好群众工作，把握好农村地区群众的价值方向；三是长效机制设计方面要创建和完善道德赏罚机制，对于积极实践社会主义核心价值观、促进思想道德建设的行为要及时鼓励、保护，对于背离、破坏思想道德秩序的行为要坚决惩处，以弘扬社会正气。

案例

激发民间力量　强调道德自觉

——德清县农村精神文明建设案例

德清县，取名于“人有德行，如水至清”，为浙江省湖州市辖，位于长江三角洲杭嘉湖平原西部。该县连续有道德先进典型获全国和浙江道德模范荣誉；在全国首创“公民道德教育馆”和新农村“和美乡风馆”；有关经验做法连续多年入选全省基层宣传思想工作创新奖十佳案例。德清激发民间道德自觉、引领农村社会风尚建设的实践，凸显了农村群众主体地位，形成了道德文章“人人参与、共同书写”的局面，推动形成了全县文明淳厚的民风，被媒体誉为农村精神文明建设的“德清现象”。通过开展“时代新农民”“文明五心”“十镇百村文化”等创评活动，德清县始终坚持群众参与、群众评选，让文明创评的过程成为群众了解典型、学习典型、提高思想觉悟的教育过程。

德清县坚持以最广泛的农民群众为对象，连续13年坚持实施“千百读书”工程。依托覆盖全县2 889个村民读书读报点，投入300万元专项资金推进的“农家书屋”等阵地，组织开展“读书明礼”“读书致富”系列活动，带动了全县农民群众学政策、学科技、学文化的热潮，使广大农村成了“一所没有围墙的学校”。

大力打造"好人大舞台"。德清县注重用群众身边的好人好事教育群众，创设了"好人大舞台"。全部节目由道德先进典型自编自演，每年在全县巡回演出，让道德典型走进群众、影响群众、教育群众。在广泛巡演的基础上，创新推出"道德走亲"活动，让道德典型赴周边市县进行交流，不断放大道德典型社会效应，打造了区域道德建设交流新平台。

大力推广"一乡一节一品"，充分发挥传统文化的引领作用，做到以文化人。各乡镇因地制宜，通过与镇情风俗、传统文化及生态旅游资源等结合，积极开展特色文化活动，涌现了"蚕花庙会""浙北乾龙灯会""洛舍钢琴节"等各类乡镇区域性特色活动，民俗文化节庆活动在全县11个乡镇得到全覆盖，不断繁荣着基层群众文化生活。

全面形展"和美乡风馆"建设，在建立全国第一个展示道德先进人物的"公民道德教育馆"的基础上，创新推出了全国首创的新农村"和美乡风馆"。乡风馆以村为基本单位，以馆藏展览为主要形式，目前，已累计创建展馆40多个，有力地充实了农村思想文化教育阵地。

7.3 传承、发展、提升农村优秀传统文化

7.3.1 农村传统文化的形成与发展

农村传统文化在推动新农村建设，特别是在新农村文化建设中起着不可替代的推动作用。党的十八大以来，以习近平同志为核心的党中央高度重视精神文明建设，强调要积极建设传统文化传承体系、弘扬中华传统文化。

农村传统文化主要表现为继承性、群众性、地域性、时代性以及多样性。继承性主要来源于中华传统农耕文化的延续性和连续性，生生不息的农耕文化为农村传统文化的演化和发展提供了基本条件。群众性指农村传统文化来源于农民群众、根植于农民群体，并以农民群众的需求为立足点发扬光大。地域性指农村传统文化鲜明的地域特征（包括民族特征），正所谓“十里不同风，百里不同俗”，千差万别的自然条件孕育出各具特色的传统地域文化，这些风格各异的地域文化共同构成绚烂悠远的中华传统农村文化。时代性是农村传统文化得以延续和发展的重要因素，受现实经济、政治生活等影响，传统文化必须随着时代的变化不断丰富和完善，以适应现实需要，因此而表现出鲜明的时代特征。多样性表现在很多方面，如形式多样性、对象多样性、内容多样性、组织方式多样性等。

河北定州的“子位吹歌”

然而，近年来，我国城镇化建设快速推进，农村社会秩序、社会面貌经历了重大变迁，农村传统文化的发展现状不容乐观。

城市“虹吸效应”导致大量村落消失，农村空壳现象严重，农村传统文化传承困难。城镇化快速发展吸收、合并了大量自然村落，2000—2010年10年间我国自然村落由363万个减少至271万个，平均每天消失80～100个，其中包括大量传统村落；此外，农村青壮劳动力由农村流入城市，导致村落空壳化、村民老龄化，农村传统文化缺乏传承主体，优秀传统文化面临后继无人的严峻现状。

古迹保护不到位，古村落商业化程度过高，传统工艺为迎合市场而“变味”。一方面，古迹、古村落保护不到位，现有的文化遗产正在消逝，如很多空心村落因缺乏管理，老屋结构松动，精美的装饰品、工艺品腐朽脱落，最终成为危房。这样的事例比比皆是。另一方面，区位条件较好的古村落依托地理优势，大搞旅游开发，有的地区甚至摒弃当地文化特色，将整村外包给旅游开发公司，导致各地古镇、古村景区内容高度相似，缺乏地域特色，地区特色传统工艺逐渐没落，为迎合市场演化为以表演性质为主的技艺展示。

农村传统文化认同感降低，部分传统文化遭摒弃。主要表现在两个方面：第一，受现代城市文化冲击，农村传统文化逐渐被贴上落后、迷信的标签，并且快节奏生活让城市与农村传统文化脱节，市民缺乏与传统文化沟通的渠道。第二，传统技艺逐渐被科技取代，优秀传统技艺无用武之地。例如，随着劳动力向城市转移，我国千百年来沉淀出的精湛农耕技艺已逐渐被机械化种植取代，农用机械大规模替代劳动力的同时也替代了农村传统文化。

目前我国农村文化的现状不容乐观，面临来自众多方面的挑战：一方面是来自人为破坏的挑战。比如部分村庄在村容整治、新农村建设过程中，将古屋、古墙视为影响村容整洁的“污点”，大肆对其进行破坏甚至推倒重建，将传统民宅修建成西式洋房，一些乡村的物质文化遗产在城镇化进程中遭遇人为的破坏甚至丢弃，面临着日渐消失的危险。这就导致农村新村建设千篇一律，毫无个性特色和文化内涵。另一方面来自过度开发利用的挑战。随着现代化进程不断加快，传统文化旅游项目正面临着被摒弃的危机，特别是在当下利益驱使下，各地一味迎合游客以获取眼前利益，致使传统村庄破坏严重。

与此同时，农村传统文化也迎来了重大机遇：一是国家加大对农村优秀传统文化的传承保护力度。2017年，中共中央办公厅、国务院办公厅印发《关于实施中华优秀传统文化传承发展工程的意见》，明确了加强文化传承的重要意义和总体要求，提出了保护传承文化遗产、滋养文艺创作等七项重点任务，从国家层面强调了保护文化传承的必要性和迫切性。二是国家积极扶持并鼓励农民对民间工艺或艺术的学习和传承，鼓励并保护民间艺术组织、团体及慈善机构，积极引导农民对传统工艺的学习和传承。三是创新各种形式的传承方式，在沿袭传统师徒相传的基础上，创新性地将传统工艺与现代教育、现代设计相结合，促进传统工艺更好更快地融入现代艺术体系，使传承主体更加多元。

7.3.2 农村传统文化要“取其精华”

我国农村传统文化的精华主要包括村落文化、民俗文化、手艺文化、乡贤文化、讲堂文化等。传统民俗文化具有十分浓郁的乡土气息，是村民乡土生活的历史积淀，也是乡村公共活动的平台资源，释放着协调村民行为、深化社区认同和维系乡村价值的功能。如传统节庆、集体娱乐、庙会祭祀、红白喜事、地方戏曲等等，都传承着民俗文化生动丰富的内容。

自古以来，“尚贤”是中华民族的优良传统，历经千年绵延不绝，形成乡贤文化，成为中华民族优秀传统文化的一部分。新时代，乡贤的含义则更加丰富，比如，退休返乡的干部、教师、工人，怀揣梦想的大学生村官，投身创业热潮的返乡创业农民工，矢志反哺桑梓的成功企业家，积极带领村民实现共同富裕的优秀基层干部，以及自愿从事乡村建设的各方社会贤达，都是新时代的新乡贤，这一群体在乡村振兴过程中将发挥重要作用，如弘扬社会主义核心价值观、传承乡村文明、开放新理念、发挥引领作用等。

图说

中华民族具有五千多年连绵不断的文明历史，创造了博大精深的中华文化，为人类文明的进步做出了不可磨灭的贡献。中华文化积淀着中华民族最深沉的精神追求，包含着中华民族最根本的精神基因，代表着中华民族独特的精神标识，是中华民族生生不息、发展壮大的丰厚滋养。

中国共产党自成立之日起，就既是中华传统优秀文化的中式传承者和弘扬者，又是中国先进文化的积极倡导者和发展者。要用中华民族创造的一切精神财富来以文化人、以文育人，决不可抛弃中华民族的优秀文化传统。

7.4 加强农村公共文化建设

7.4.1 农村公共文化服务供给与建设情况

分税制改革以后，我国财政结构开始向“财权上移，事权下移”的方向发展，县级以下政府存在着财权和事权不对称的现象，基层政府面临着巨大的财政压力。为促进农民收入增加、保障农业健康良好发展，中央于2000年在安徽试点，开启农村税费改革。此次农村税费改革可概括为“三个取消、两个调整、一个逐步取消和一项改革”，即取消农业特产税、农村教育附加和集资、屠宰税，调整农业税、农业特产税，逐步取消统一规定的积累工和义务工，改革“三提”征收方法。此次农村税费改革，基本取消了农业税，切实减轻了农民负担，但与此同时，县级财政大幅缩水，农村公共服务供给面临新的挑战。

有关农村税费改革的重要文件

时间	文件	主要内容	主要影响
2000年3月	《中共中央　国务院关于进行农村税费改革试点的通知》	三个取消、两个调整、一个逐步取消、一项改革	农民税收降低，地方政府财政负担增加
2001年4月	《关于2001年农村税费改革试点工作有关问题的通知》	暂缓扩大农村税费改革试点	税费改革由“加快推进”变为“稳步实施”
2003年10月	《中共中央关于完善社会主义市场经济体制若干问题的决定》	深化农村税费改革、完善农村税费改革试点的各项政策	农民负担减轻
2004年1月	《中共中央　国务院关于促进农民增加收入若干政策的意见》	降低农业税率、取消农业特产税	农民负担降低，地方财政负担加大
2005年1月	《中共中央　国务院关于进一步加强农村工作提高农业综合生产能力若干政策的意见》	扩大农业税免征范围、开展取消牧业税试点	农业税基本取消，地方财政开始补贴农业

文化公共服务是公共服务的一部分，我国农村公共服务主要指由政府财政支持，为满足农村居民居住需求、医疗保障、生产活动、文化活动而提供的基本公共服务。由于村活动室是农村居民开展文化活动的主要场所，活动室建设情况能够较好地反映文化公共服务的供给情况，所以此处用村活动室数来衡量农村文化公共服务供给。由下表可知，全国农村文化站个数在2005—2012年期间基本保持在34 000个左右，但2012年全国行政村个数却在59万个左右，以此计算，每100个行政村中，仅有大约6个行政村配备村文化站，从文化站配置情况来看，农村文化公共服务供给明显不足。

2005—2012年全国农村公共服务供给情况

年份	指标			
	农村发电量（万千瓦时）	农村改厕率[①]（%）	乡镇卫生院床位数（个）	村文化站数（个）
2005	3 483 997	—	678 240	34 593
2006	—	—	696 231	32 706
2007	4 023 458	—	747 156	32 976
2008	16 275 902	59.7	846 856	33 367
2009	15 672 471	63.2	933 424	33 378
2010	20 444 258	64.7	994 329	34 121
2011	17 566 867	69.2	1 026 251	34 139
2012	21 729 246	71.7	1 099 262	34 101

数据来源：国家统计局。

农村公共文化服务供给主体主要是乡镇综合文化站，其建设情况如下[②]。

全国乡镇文化站数量基本饱和。2012年全国乡镇文化站共34 101个，截至2016年底，全国乡镇文化站数量为34 240个，5年仅增长了139个，增长率不到1%。由此可见，全国乡镇文化站数量基本趋于饱和，仅从数量上看，已基本满足农村地区群众对文化服务的需求。

乡镇文化站功能日趋完善、硬件不断提升、活动更加丰富。从功能上看，乡镇文化站的文化服务供给水平更加多元，包括组织文艺活动、举办训练班、举办展览等。2016年，全国乡镇文化站组织文艺活动827 953次，举办训练班393 071次，举办展览122 771个，分别较2012年增长了55.9%、46.3%和32.2%，由此可见乡镇文化站的文化服务供给能力大幅提升。从硬件条件上看，2016年，全国乡镇文化站共拥有计算机321 749台，较2012年增加了10万余台，平均每个文化站拥有计算机7.8台，硬件条件明显提升。

全国文化事业费投入不断提高，且存在向基层倾斜的趋势。近10年，全

① 农村改厕率从2008年开始统计，2005—2007年无统计数据。

② 数据来源：国家统计局。

国文化事业费投入快速增长。2016年全国文化事业费投入达到770.79亿元，与10年前相比增加了392.2%，年平均增长率为16.4%。截至2016年，县及县以下文化事业费投入占全国比重首次超过50%，达到51.9%，而县级以上文化事业费投入占全国比重下降到48.1%，而在2010年，二者分别为36%和64%，表明文化事业费投入不断向县及县以下地区倾斜。

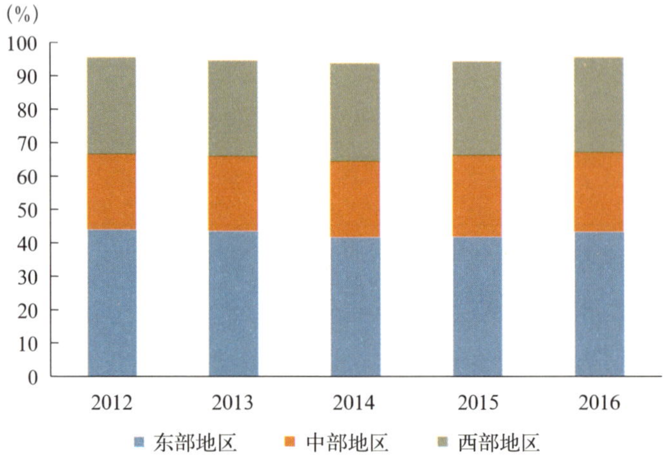

2012—2016年东中西部文化事业费投入占全国比重

东部地区包括北京、天津、辽宁、上海、江苏、浙江、福建、山东、广东；中部地区包括河北、山西、吉林、黑龙江、安徽、江西、河南、湖北、湖南、海南；西部地区包括内蒙古、广西、重庆、四川、贵州、云南、西藏、陕西、甘肃、青海、宁夏、新疆。

数据来源：《中华人民共和国文化部2016年文化发展统计公报》；国家统计局《中国统计年鉴2016》，中国统计出版社，2017年。

全国文化事业费投入东部占比最高，西部次之，中部最低。分区域看，东部地区文化事业费投入占全国比重最高，2016年为43.3%；西部次之，2016年为24%；中部最低，2016年为28.3%。

7.4.2 农村公共文化建设的重要性

一是占领农村思想文化阵地。改革开放以来，农村地区在物质生活水平上实现了飞跃，与此同时却忽视了精神文明建设。与城市相比，农村地区文化土壤十分贫瘠，封建迷信等腐朽落后思想出现死灰复燃的迹象，公德缺失、是非观念模糊、缺乏信仰的事例比比皆是，农村地区的一些优良传统逐渐被淡化，加强农村公共文化建设、加快占领农村思想文化阵地迫在眉睫。值得注意的是，加强农村公共文化建设的首要任务就是占领农村思想文化阵地，为群众提供丰富多彩文化服务的同时，积极宣传党的路线方针，弘扬社会主义核心价值观，引导群众抵御落后迷信思想，从而保证农村地区和谐稳定发展。

二是满足人民群众日益增长的美好生活需要。十九大报告指出，我国社会主要矛盾已经转化为人民日益增长的美好生活需要和不平衡不充分的发展之间的矛盾。历经改革开放40年快速发展，农村地区的温饱问题已基本解决，群众的需求从物质需求逐渐转向心理需求、精神需求，如期盼更好的生活环境、更高的教育医疗卫生服务、更多元的精神文化生活等。在此背景下，解决城市和农村之间发展不平衡不充分的问题，首先要从推动城市、农村地区共同发展、共同进步开始。

三是实现乡村振兴的重要任务。2018年中央农村工作会议提出，实施乡村振兴战略，要按照产业兴旺、生态宜居、乡风文明、治理有效、生活富裕的总要求，让农业成为有奔头的新型产业，让农民成为有吸引力的潜力职业，让农村成为安居乐业的美丽适宜家园。这就要求在实现乡村振兴的过程中，要保护风貌、传承文脉、留住乡愁，这就需要加强农村公共文化建设，为乡村传统文化的传承、民俗民风的延续提供条件。

四是实现政府职能由管理型向服务型转变的必由之路。党的十八届三中全会提出，要加快转变政府职能，深化行政体制改革，建设法治型政府和服务型政府。加强农村公共文化建设，目的是加快农村公共文化服务体系构建，将经济发展的成果和经验逐渐推广到文化体制建设上，正是政府职能向服务型政府转变的必由之路。

7.4.3 农村公共文化建设要神形兼备

第一，形式丰富多样。农村地区要开展形式多样的文化活动，丰富文化建设的内容。例如，在文化站建设过程中要注意避免文化产品过于单一，目前多数乡镇文化站依旧以图书室、音像室为主，图书、报刊等种类十分单一，与农民生产生活息息相关的文化产品相对较少，未能起到良好的指导作用。互联网也未能在农村公共文化建设中充分发挥作用。村镇文化活动站虽然在硬件条件上得到了极大改善，但相关人员的培训工作还不到位，对农民文化喜好关注不够，创新性和贴切性有待加强。丰富农村文化建设内容，应立足于满足农民经常性文化需求，将文化下乡的形式与农村本土文化内核结合起来，对传统文化和本土文化进行全面的挖掘整理，努力打造具有区域特色的文化品牌，以此提升农民的文化生活品质及农村文化建设水平[①]。

第二，层次合理分明。农村文化建设要层次合理分明，针对不同人群、不同年龄段开展不同形式的文化活动。调查显示，大多数农村地区老年文化活动比较红火，青年文化活动却长期受到忽视，与城市相比这也是许多年轻人不愿意留在农村生活的重要原因之一。因此，满足不同群体的需要，是当前农村文化建设的一个紧迫问题。对于农村老年人，可以组建地方戏曲兴趣班，组织农

① 张春华：《让农村文化建设形神兼备》，人民日报，2016年10月27日。

民自导自演戏曲节目。对于农村留守妇女，可以组建腰鼓队以及戏曲、歌舞等业余团体。此外，还可依托当地文化资源，开展剪纸、刺绣等民间艺术培训，发展有文化底蕴的手工艺品生产，把文化发展与农民增收结合起来。对于青年人，可以建立农村青年中心，引导和支持他们学习、创业，将其培养成为有知识、有技术、有头脑的新型青年。只有区分不同群体，增强农村文化建设的针对性，才能使优秀文化内化于农民心中，指导其行为和实践。

第三，思想积极先进。农村文化建设内容要与时俱进。一个时期以来，低俗文化、不健康文化在一些农村地区有滋长蔓延之势，产生了恶劣影响。唯有以先进文化占领农村阵地、充实农民头脑，农村文化建设和社会风气才会蒸蒸日上。为此，必须在村党支部和村委会（村两委）的正确领导下，通过政府和社会力量多方协作，积极利用先进文化抵制低俗腐朽文化，引领农村文化健康良性发展。完善农村文化建设体制机制，切实以社会主义核心价值观引领农村文化建设方向，从农村实际和农民需求出发，让社会主义核心价值观鲜活化、具象化，在农村落地生根[①]。

① 张春华：《让农村文化建设形神兼备》，人民日报，2016年10月27日。

8 乡村善治之路

农村治，天下兴。中国特色社会主义进入新时代，我国“三农”工作也翻开了新的篇章。十九大报告首次提出“实施乡村振兴战略”，并提出“产业兴旺、生态宜居、乡风文明、治理有效、生活富裕”的总要求。乡村振兴作为新时期国家战略必须要注重乡村治理体系构建，而乡村治理体系构建“必须创新乡村治理体系，走乡村善治之路”。《乡村振兴战略规划（2018—2022年）》明确指出：“把夯实基层基础作为固本之策，建立健全党委领导、政府负责、社会协同、公众参与、法治保障的现代乡村社会治理体制，推动乡村组织振兴，打造充满活力、和谐有序的善治乡村。”

8.1 乡村善治是乡村振兴的必然遵循

8.1.1 善治基本释意

善治，从字面来理解，就是指好的治理。在中国传统话语体系中，善治等同于善政，而善政的核心是以情、理、法为要义。善治一词最早是舶来品，是西方社会政权治理中常出现的词语，意指运用合理的法规治理国家运行，进而让国家有序运转。此后，善治逐步引入我国，在我国广泛应用。如今我们探讨和研究乡村善治，就是基于现代治理思想，汲取传统乡村管理资源，对新时期思想文化的改造与创新。当今的乡村善治，是建设社会主义新农村特定语境下善治理论与中国乡村实际相结合的最优治理模式选择。

8.1.2 善治是乡村治理的根本

要走乡村善治之路，首先就要明白何谓“乡村”。乡村有不同解释，在学术上，乡村是指村落共同体，是村落人群聚居的地方；在地缘范围上，乡村是指地理意义上的群居单位，特指农民居住的地方。本书中乡村指的是在地理意义上的居民聚集共同单位，具体有四个特征：一是聚居性，村民与村民聚集居住；二是地缘性，村落具有一定的地理范围；三是生活性，在村落单位中，每个村民都需要与他人建立亲密的联系，这种联系共同形塑熟人社会；四是生产性，居住在村落中的村民相互生产，相互帮忙，共同谋生。

乡村的稳态与发展都离不开治理，而经实践检验，乡村治理离不开善治的实施。长期以来，中国的治理体系是自上而下的刚性治理体系，中央政权拥有绝对的权力，而基层治理主要靠自我治理。由此中国治理体系中形成了“皇权不下县”的独特治理景观，其基本特征是，治理具有高度的集权性，“普天之下莫非王土”。然而，中国地缘辽阔，皇权治理虽然具有极高的权威性，但皇权依旧无法下渗到广袤的乡村社会，无法覆盖整个疆域。也正因为如此，中国乡土社会一直是一种熟人社会，一直维持着“超稳定”结构的治理关系。中国乡土社会“超稳定”结构关系形成的密码就在于善治，乡土成员在熟人社会网络中，实现自我治理，而自我治理的核心取向是善治，而善治又是德治、法治、自治三者的融合，这不仅构成了乡土社会的基本治理结构，同时也从根本上形塑了乡村治理体系。

8.1.3 乡村治理的未来趋向是走向善治之路

传统时期，乡村是一个封闭的社会关系网，乡村治理主要靠善治。但善治结构的核心是人治，人治要素在乡村治理体系中格外突出。人治乡村的基本特征是，乡土关系以血缘等级为中心，乡土中辈分、威望、资格最高的宗族长老享有绝对的治理权威，乡村中遇到大事件，首先需要遵循宗族长老的意见，然后再进行处理，否则在乡土熟人社会中就会被认为没有规矩，是一种挑战乡土秩序的行为，将会受到整个乡土族人的排斥与疏离。

“三治”融合

新时期，乡村社会的治理也要延续传统乡村社会治理结构，走德治、法治、自治“三治”融合的善治道路，让善治成为乡村治理的基本价值取向。乡村治理以善治为根本遵循需要注意在扬弃中发展，集中表现在三个方面：一是吸收传统乡村善治的优秀部分，诸如规则意识、集体意识、国家意识等，让传统优秀的治理要素得以在新时期延续与弘扬；二是摒弃传统乡村善治的落后部分，传统乡村善治中有落后和不科学的部分，诸如突出人治、强调服从、观念陈旧等，在乡村治理中要将落后、非科学、守旧保守部分摒弃；三是乡村治理要适应新时期社会经济发展特征，在坚持走德治、法治、自治“三治”融合道路的过程中，要更加突出法治的特征，让发展成为乡村善治的新标识。

8.2 乡村善治必须注重政府与村民两大主体

8.2.1 基层党组织主体

基层党组织是农村事业发展的桥头堡，是农村社会经济发展的生力军。农村社会经济的发展需要注重基层党组织，注重基层党组织的带头作用，发挥基层党组织的先进示范功能。基层党组织作为基层一线的领头雁，在我国农村社会治理中占据重要的地位。从其发展历程来看，基层党组织在我国已有长足的发展，已经成为党和政府治理基层社会的关键一环；从其发展走势来看，基层党组织在基层中的作用将会越来越重要，这种重要性是其他社会自治力量无法取代的。农村基层党组织的目标是服务基层群众，带领基层群众广范开展自治活动。具体而言，农村基层党组织主要有以下几种功能：

一是领导职能。基层党组织是党和政府在农村地区的战斗堡垒，是党领导人民当家作主的重要形式。基层党组织领导职能主要体现在三个方面：一是政治领导，确保农村群众有正确的政治取向，积极塑造村民正确的思想意识；二是经济领导，基层党组织带领广大群众发展经济，带领村民脱贫致富，加速小康社会建设步伐；三是文化领导，在文化上积极鼓励村民自主发掘优秀传统文化，弘扬社会主义先进文化。

二是管理职能。基层党组织是基层事务的总指挥，肩负着发展经济、管理本地区事务的职责。一方面，针对农村地区科、教、文、卫事业，积极引导，有序发展，防止落后的、伪科学的思想侵蚀社会主要先进文化；另一方面，针对农村地区的社会治安，积极保障农村社会治安稳定，防止农村地区发展大的暴力事件。

三是服务职能。基层党组织在农村地区扮演着重要的服务职能。主要体现在三个方面：一是发展地方经济，基层党组织要通过各种服务手段，促进农村地区经济发展；二是促进文化建设，提升农村文化发展，基层党组织要积极鼓励农村文化发展，鼓励先进优秀的文化，摒弃落后不科学的文化；三是为群众服务，党的根本遵旨是全心全意为人民服务，基层党组织的基本遵旨也是全心全意为基层人民服务。

四是协调职能。基层党组织在农村扮演重要的协调作用。一方面，遇到矛盾纠纷，基层党组织要综合运用经济、行政、法律手段协调各方利益，促进地区经济社会平稳发展；另一方面，主动调停矛盾纠纷，基层事务繁杂，矛盾纠纷频发，有矛盾纠纷时，基层党组织要第一时间调解，防止矛盾扩大。

五是监督职能。基层党组织具有监督职能，主要体现在对基层党员干部的监督。一是引导基层党员干部树立正确的思维价值。针对基层党员干部思想涣散、思想落后、思想不积极的表现，基层党组织应及时引导；二是引导基层党员干部合理用权。基层党员干部手中的权力是人民赋予的，因此要珍惜手中的权力，做到权为民所用，利为民所谋。三是建立督查基层党员干部的监督机制，建立适合调动基层党员干部工作积极性的鼓励机制。

8.2.2 基层党组织发展变迁与乡村治理

第一阶段：土地革命时期的初步探索。新中国成立之前，党就注意到建立农村基层党组织的重要性，当时建立农村基层党组织的主要目的是组织农民，将广大农民组织起来，发动农民党员的作用，壮大农民革命力量，而壮大农民最主要的方式就是通过土地调动农民的积极性。党的二大明确规定成立基础党组织的基本要求，由于当时主客观条件不具备，农村基层党组织建设总体处于初步探索阶段。

第二阶段：新中国成立之初的进一步探索。新中国成立初期，党和政府开始关注农村地区，开始在农村地区建设基层政权组织，进行进一步探索，探索的主要方式是在广大农村地区建立党组织雏形，由先进党员在农村地区积极组织农村发展，并通过先进党员发展农村党员积极分子。农村基层党组织随着农村社会经济的发展不断完善。一方面，农村党员人数不断增加，入党积极分子连年增加；另一方面，农村基层党组织不断增加，不仅在发达农业地区存在，在落后偏远农村地区也有建立。

第三阶段：改革开放之后的深入巩固。改革开放以后，农村基层党组织进入深入巩固阶段。1985年11月，中共中央组织部在北京召开全国农村党的基层组织建设座谈会，会议认为改进农村基层党组织的设置，应本着有利于促进农业经济向专业化、商品化、现代化的转变，有利于加强党同群众的联系，有利于开展党组织的活动和加强对党员管理的原则，进行合理调整。十七届三中全会又指出，要加强农村基层组织建设，以领导班子建设为重点、健全党组织为保证、三级联创活动为载体，把党组织建设成为推动科学发展、带领农民致富、密切联系群众、维护农村稳定的坚强领导核心。

第四阶段：新时期的全面建设时期。进入新时期以来，农村基层党组织发展迅速，这种迅速不仅体现在数量上，同时也体现在质量上。具体而言，一是基层党组织在全国农村地区实现了全覆盖，农村地区均有基层党组织来组织村民发展经济；二是基层党组织运行机制更加健全，不仅有明确的法规组织纲领，同时也有系统的运行程序，进而保障基层党组织有序建设；三是基层党组织已成为农村社会经济发展不可或缺的关键环节，不仅具有政治、文化功能，同时也有经济建设功能，带领基层群众脱贫致富。

8.2.3 村民自治发展变迁与乡村治理

村民自治是中国农村改革的三大创造之一，也是一个政治和社会层面的重大创造。村民自治制度在我国有着长久的发展，从1980年开始，村民自治制度经历了由萌芽、试行到发展逐步丰富、完善的成长过程。可以在一定程度上说，村民自治制度是我们基层民主制度发展的历程缩影，是我国社会主义民主发展的缩影。具体而言，我国村民自治制度一共经历了四个发展阶段。

第一阶段：萌芽时期（1980—1982年）。在20世纪70年代末期，包产到户提高了农民生产的积极性，但是人民公社的退场却使农村社会秩序陷入了一定程度的混乱，农村社会整合组织的缺失呼唤新的适应现代国家整合乡村社会需要的组织和机制[①]。组织和机制来自哪里？最直接的答案就是来自基层农民

① 刘义强．村民自治发展的历程、经验与机制探讨［J］．华中师范大学学报（人文社会科学版），2008（6）：2-7．

创造。为了克服村庄公共事务秩序混乱的困境，在20世纪80年代，广西地区的农民率先在民主商议的基础上，在全国成立第一个村民委员会，其最早的功能是治理水利问题，但在实际中发展，村民委员会不仅可以很好地治理水利问题，同时也可以很好地治理政治、经济、文化事务，由此村民委会员开始承担更多职务。这种新型的村民组织形式，在全国各地得到了极大的效仿学习，很多地方开始模仿广西的村民委员会形式，在本地区推行适合村民发展的村民自治组织。

第二阶段：确立时期（1982—1987年）。进入20世纪80年代中后期，村民自治制度在我国开始正式确立。其基本特征是通过法律的形式予以肯定，集中表现在几个重大时间点：一是在第五届全国人大常委会第五次会议上，正式通过宪法肯定了村民委员会，这标志着村民委员会正式以法律的形式予以确定。二是1985年全国正式废除“一大二公”的人民公社体制，正式在全国范围内实行村民自治制度，从此村民自治制度开始在全国范围内推行。三是20世纪80年代的一段时期内，国家将基层工作重点放在村民自治制度建设上，国家集中财力、物力、人力支持村民委员会建设。

第三阶段：发展时期（1987—1998年）。在20世纪90年代初期，国家正式通过法律的形式颁布了《中华人民共和国村民委员会组织法（试行）》，这意味着村民委员会在全国范围内正式推行实施。这部法律是新中国成立以来第一部明确规定村民自治的基本大法，对村民委员会在地位、职责、组织架构等方面有详细规定。进入90年代中期的时候，国家先后颁布一系列支持村民委员会建立的法规，最主要的有《关于在全国农村开展村民自治示范活动的通知》，该文件正式明确鼓励村民委员会在全国范围内实施。1994年，国家颁布《全国农村村民自治示范活动指导纲要（试行）》，第一次正式提出村民自治的四个基本内容。

第四阶段：成熟时期（1998—2006年）。进入20世纪90年代中后期，我国村民自治制度进入成熟阶段。一方面，第九届全国人大常委会第五次会议过了《中华人民共和国村民委员会组织法》，对在全国范围内实施村民自治制度给予高度肯定，鼓励在全国范围内实施村民委员会制度。另一方面，在国家鼓励的大氛围下，各地区纷纷出台地方层面的鼓励法规，各地方因地制宜鼓励本地区实施村民委员会制度。一时间村民委员会制度在全国范围内遍地开花，村民委员会建立进入成熟阶段。也正是在这一阶段，各地区村民委员会的基本框架正式形成。

第五阶段：实践创新阶段（2007年至今）。农业税的废除，给农村发展提供了宽松的环境，村级事务处理开始逐渐走向内生发展，这使得村民对自治有了现实的需求。2015—2017年的中央一号文件连续提出要“探索符合各地实际的村民自治的有效实现形式”。一批改革者不断涌现，他们立足于自己的地方实际，做出了卓有成效的创新实践，比如湖北秭归模式、江西赣州模式、广东清远模式以及河南邓州“四议两公开”工作法等。

8.3 “三治”融合：构建自治、法治、德治相结合的乡村治理体系

十九大报告指出，要加强农村基层基础工作，健全自治、法治、德治相结合的乡村治理体系。《乡村振兴战略规划（2018—2022年）》又进一步强调要促进自治、法治、德治有机结合。“三治”融合不仅是国家治理能力与治理体系现代化的重要内容，而且也是国家乡村治理结构优化的核心部分，亦是构建中国特色社会主义乡村治理体系，提升国家治理能力的必由之路。

8.3.1 自治是构建乡村善治体系的基础

首先，明晰村两委的权责。村两委指村中国共产党支部委员会和村民委员会，即村支部和村委会。一方面，村两委应定期举行联席会议，两委之间做好

协调工作，既要保证村里事务能在党的领导下顺利开展，又要保证村党组织不对相关工作过度干预，尽量避免出现权责不明的情况。另一方面，进行村务公开和财务公开，使村内事务在阳光下开展。因为两委的主要矛盾集中在处理事务的意见不统一和财务的问题上，村务公开和财务公开可以避免分歧。

其次，加强公民教育、文化教育以及法治教育。通过加强公民教育使村民充分认识到自身在村民自治中的主体地位与作用，以提高他们的参与积极性，夯实农民自治的基础。通过加强文化教育来提高村民自治主体的能力。通过加强法治教育来提升村民的法治意识和法律基础，为村民自治提供良好的法治环境和保障。

最后，发展农村经济，为村民自治提供物质基础。农民更多地关心自己的切身利益，因此农村集体经济的发展程度与村民自治开展的好坏有直接关系。有了良好的集体经济，村委会才可充分发挥自身功能，从而树立村委会的权威，增强村民对村委会干部的信任。要发展农村经济，壮大农村集体经济，实现农村土地的集约化生产，推动农业产业化经营，提高农村生产的社会化、产业化程度，为村民自治提供新动力。

8.3.2 法治是构建乡村善治体系的保障

法治是运用法律的思维对社会与国家进行治理，法治乡村具体是指运用法律的思维对乡村社会进行治理，治理的核心是以法律的形式确立治理手段与目标。具体而言，法治乡村在内容上要求乡村以法律的形式进行治理，主动摒弃人治大于法治的传统观念，确立法治大于人治的新型治理思维；法治乡村在手段上要求乡村通过法律的形式进行乡村治理，确立法律至善的原则；法治乡村在目标上要求乡村建立法治体系，通过法律法规规范乡村治理。法治是构建乡村善治体系的保障。

建设法治乡村能够维护农民权益。当前，乡村社会充斥着各种各样的矛盾，如高利贷问题、“村霸”问题等，要杜绝这些问题，就需要村干部在遵循法律的基础上，通过法治的方式解决一系列问题。同时，加强农村居民的法治意识，一方面可使其在生产、生活中遵法守法，另一方面也能以此维护自身的权益。

建设法治乡村能够稳定乡村秩序。乡村秩序的稳定，关系到农村的发展和社会的稳定。因此，唯有创建了以法律作为核心的主要乡村治理模式，建立起良好的社会秩序，才能科学地协调一系列社会关系、社会利益，处理繁杂的社会问题。

建设法治乡村有助于乡村发展。我国乡村社会的治理，历来人情大于法理，导致多数村务处理有失公允，限制了农村的发展。随着我国社会发展进入了新征程，基层党组织应在全新的历史环境下，树立法治思维，用法治的方式处理村务，乡村才能得到更大的发展。

建设法治乡村，首先要提升“四项民主”的法治化水平。民主选举、民主决策、民主管理以及民主监督是村民自治的主要内容，村委会的选举过程中，存在着一些违法乱纪的行为，村民的真正意愿无法从选举的过程中表达出来，要加强村委会选举的规范性，在法律层面对其进行规范与引导。其次，改革法治体制，明确基层政府和村民自治组织的职权范围，在村民自治实行以前，我国农村的事务一直是由乡镇政府“一手操办”，在村民自治的发轫到正式写入法律及到如今的发展过程中，难免还是存在着基层政府与村民自治组织权责不清的情况。最后，加强培育农民的法治意识。农民是一个特殊群体，受到小农思想的长期影响，要想促进这个群体的现代化发展，就必须从思想文化开愚入手，对其重新塑造。

8.3.3 德治是构建乡村善治体系的支撑

德治是人类社会用道德控制和评价社会成员行为的一种方式，其属于思想建设与精明文明范畴，以其感召力和劝导力提高社会成员的思想认识和道德觉悟。德治强调以道德教化作为重要的治国手段，即通过提高人民的思想道德素质，利用道德的内在约束力来达到社会稳定协调发展。我国的德治代表着最广大人民的根本利益和要求，以社会主义思想道德来规范全体社会成员的行为，提高人民的道德水平。

提升乡村德治水平，有利于促进农民道德素质的提高和价值观念的转变。城乡二元制度结构的长期存在，不仅使城乡经济差距较大，也使得农民作为一种身份加固在农村居民身上，使得农村居民对待如此的失衡存在着心理落差问题，从而引发相应的社会问题。由于经济的发展，城乡流动使得农村大兴拜金主义，因此只有在农村积极开展多种形式的道德思想教育，提高农村居民的道德素养，并且要在提高农村居民的道德素养的基础上，进一步促使传统道德价值体系回归，才能真正解决相应的乡村治理问题。

提升乡村德治水平，有利于形成安定团结的乡村秩序。在儒家思想的逻辑中，如果老百姓有良好的道德，那么国家自会安定有序，则“天下可运于掌”。德治以其说服力和劝导力提高社会成员的内在自律意识，约束和规范自身行为，这种内在自觉主要以内在德治约束为前提。此外，乡村德治要在农村实现人与人的和谐、人与社会的和谐、人与自然的和谐的基础上，将德治的思维、理念、方式自觉注入到乡村治理体系中，将乡村利益交换关系与急功近利的治理倾向坚决摒弃，以避免引起乡村治理紊乱，最终目的是通过德治的方式实现乡村安定、团结与有序。

提升乡村德治水平，有助于农村建立良好的生态环境。随着城市产业的转型升级，城市工业大量向农村、市郊转移，转移的大多是环境不友好的企业。而大多数农村为了发展自身经济，将经济利益置于首位，过度消耗环境，用绿水青山换取金山银山，导致农村环境污染加剧。表面上是经济发展的必然附带现象，但深入探究原因，其根本原因在于传统德治在乡村治理体系中的缺失所致。乡村德治主张“己所不欲勿施于人”、讲究“保护身边环境、切勿损人利己”、倡导以大道品行实现人与自然和谐相处。未来农村环境治理要注重德治的思维，将德治手段注入到农村环境治理中。

提升乡村德治水平，要从以下三方面着手。

第一，建立村民道德评议会。村民道德评议会是乡村德治的主要载体，分为道德评议会、道德评议小组以及道德评议个体三级，是宏观、中观以及微观层面的有机结合。道德评议个体主要指村民之间相互通过道德的方式进行约束，以乡土传统道德价值体系为依托，约束村民行为，让村民的德行相互感染，进而形成相互影响的德治氛围。道德评议小组以村民小组为单位，对本小组成员德行好的村民进行鼓励，并建立“德行标兵”，以带动本小组其他成员相互学习。道德评议会是整个村级层面的道德评议方式，主要目的是培育村民的德行，各村可依据本地实际情况，自行组织成立，在时间、地点、方式上由村民民主表决商议。

第二，建立统一的道德评议标准及灵活多样的评价方式。有序良好的制度与规范有利于为乡村德治创造良好的环境。具体而言各村依据本村实际，建立统一但又不失灵活的道德评价体系。一方面，各村可自主选择道德标兵，通过道德标兵的榜样力量，带动与感染其他村民，让其他村民也以同样道德的方式治理乡村；另一方面，各村要深度挖掘本村文化，将村级传统文化作为道德评价体系的重要载体，防止村民做出有违传统道德体系的行为，积极鼓励优秀的传统乡土文化。此外，乡村道德体系建立要由村委会带头执行，并充分发挥村支部的带头示范作用，让村两委干部成为道德建设的先行人与传承人。

第三，建立道德激励约束机制。首先是精神激励，对乡村善事、好事进行表彰激励，树立道德榜样、道德楷模，使道德成为村民生产生活的约束和追求，如河北石家庄上岗村《功德录》的编写。其次是物质激励，应该健全表彰激励机制、帮扶机制以及保障保护机制等，使得做善事、好事的村民得到一定的物质奖励。通过这种物质与精神相结合的激励机制，在农村中建立“好人有好报、恩将德报”的价值导向。最后是典型树立，针对本村落道德品行高尚的村民要树立道德典型，让其以言传身教的方式感染其他村民。而针对本村道德品行败坏的村民，村委会要以公布村委事务的形式，对其进行道德谴责，必要的时候也可通过法律途径予以解决。

9 中国特色减贫之路

改革开放40年以来，中国人民积极探索、顽强奋斗，走出了一条中国特色减贫道路。在与贫困的长期斗争中，中国始终把减少贫困作为国家战略，在不同的历史时期注重总结实践经验，形成了宝贵的中国特色扶贫开发理论。党的十八大以来，国际形势发生了深刻变化，国内改革也进入了“啃硬骨头”的攻坚阶段，以习近平同志为核心的党中央高瞻远瞩，加快调整经济结构，深入推进改革开放，在扶贫开发工作中形成了一系列创新性的理论与政策体系。

9.1 中国反贫困：十八大以来的探索

9.1.1 中国特色减贫道路

“吏不治则乱，农事缓则贫”[①]。长期以来，我国贫困人口主要集中在农村地区，其中的原因除了资源环境约束、基础设施落后等，与农村地区一二三产业发展滞后有直接关系。党的十八大以来，党中央高度重视农民增收，以强

① 引自《墨子·非儒》。

农、惠农、富农为主线，强调发展农业生产力，促进一二三产业融合，推进农业供给侧结构性改革，为保障全面建成小康社会提供基础支撑。习近平总书记多次强调指出：“中国要强农业必须强，中国要美农村必须美，中国要富农民必须富”。农业的发展与农民的增收和致富、农村的美丽和进步密切相关。《乡村振兴战略规划（2018—2022年）》把打好精准脱贫攻坚战作为实施乡村振兴战略的优先任务，推动脱贫攻坚与乡村振兴有机结合、相互促进，确保到2020年我国现行标准下农村贫困人口实现脱贫，贫困县全部摘帽，解决区域性整体贫困。

声音

“回顾中国几十年来减贫事业的历程，我有着深刻的切身体会。上个世纪60年代末，我还不到16岁，就从北京来到了陕北一个小村庄当农民，一干就是7年。那时，中国农村的贫困状况给我留下了刻骨铭心的记忆。我当时和村民们辛苦劳作，目的就是要让生活能够好一些，但这在当年几乎比登天还难。40多年来，我先后在中国县、市、省、中央工作，扶贫始终是我工作的一个重要内容，我花的精力最多。我到过中国绝大部分最贫困的地区，包括陕西、甘肃、宁夏、贵州、云南、广西、西藏、新疆等地。这两年，我又去了十几个贫困地区，到乡亲们家中，同他们聊天。他们的生活存在困难，我感到揪心。他们生活每好一点，我都感到高兴。”

——2015年10月16日，习近平在2015减贫与发展高层论坛上的讲话

城镇化进程中产生了“新贫困人群”，如何识别城市中的贫困人群并使之摆脱贫困成为新时期扶贫开发工作的重要内容。受体制因素和社会发展阶段共同影响，中国面临城乡二元结构、城乡一体化程度低等结构性问题，因此导致的城乡发展不均衡是全面建成小康社会、加快推进社会主义现代化必

须解决的重大问题。在加速推进城乡一体化的背景下，开展扶贫开发工作不同于以往时期：首先是复杂的城市环境降低了贫困人口的识别效率；其次是新贫困人群贫困脆弱性高，成为城镇化进程中扶贫开发工作的难点；最后是劳动力市场的“城乡二元结构”成为阻碍流动人口脱贫的制度障碍，完善扶贫制度迫在眉睫。

9.1.2 农业必须强、农村必须美、农民必须富

9.1.2.1 农业基础地位的重申 百业农为本，农兴百业兴。农业，自古以来就承载着国民经济的发展，因其直接关系国计民生，所以有“食为人天，农为正本”的论述。新中国成立初期，农业为国家工业起步做出了重要贡献：国家要实现现代化，建立完整的工业体系，农业几乎成为工业起步所需资本的唯一来源。现阶段，我国已进入全面建成小康社会的决胜阶段，同时中国发展也面临着一系列深层次矛盾和问题，中国已步入经济、社会、文化、科技、政治多方面、多层次、多角度的剧烈转型时期。其中，农业与农村发展作为全面建设小康的重要环节，尤其引人关注。

9.1.2.2 农业创新发展为摆脱贫困提供基础支撑 扶贫开发是一项系统工程，农业创新发展为扶贫开发提供基础支撑。党的十八大以来，中国农业发展进入崭新的历史时期：一是坚持和完善农村基本经营制度，创新实践“三权分置”，促进土地要素有效流转；二是推进农业供给侧结构性改革，实现三产融合现代化发展，加快培育新动能；三是坚持绿色兴农，把绿水青山变成群众致富的金山银山；四是促进农民就业创业、增收致富，推进精准扶贫、精准脱贫。农业的创新发展，分别从制度、经济、文化、理念等层面探索出一条崭新的农业可持续发展道路，成为保障农民增收、农业增产的动力源泉，成为我国进一步开展扶贫开发工作的重要前提。

9.1.2.3 发展农业是摆脱贫困的重要途径 中国的贫困问题具有明显的阶段特征，可大致划分为两个阶段：第一阶段是改革开放以后至21世纪初，

这一阶段的主要特点是：中国经济依赖二三产业快速增长，非农产业的发展吸收了大量农村剩余劳动力，农民收入的增加主要来自非农收入的增加。第二阶段是21世纪初期至今，这一阶段的主要特点是：经济长期快速增长带来了区域失衡的问题，农村贫困人口从改革和经济增长中获得的利益小于农村非贫困人口，非农产业发展对农村减贫作用逐渐降低。不同的阶段特征对应着不同的减贫策略：前一个时期主要以大规模开发式扶贫为主，实现方式是以经济增长提升农户的非农收入从而缓解贫困问题；后一个时期主要以农村扶贫、精准扶贫为主，通过提高农村贫困农户的农业收入、工资性收入来改善贫困问题。

9.1.3 什么是“新贫困人群”

9.1.3.1 城镇化与贫困 中国城镇化特征有一个形象的比喻——“城市像欧洲，农村像非洲”。但随着我国农村建设投入不断加大，农村生产、生活条件得到了极大改善，农民收入稳步增长，物质文明、精神文明极大提高，说其像非洲已不再贴切。中国城镇化之所以与广大亚非拉发展中国家城镇化存在巨大差别，其原因主要有两方面：一是土地制度。我国现行的土地制度是集体所有制，即土地归全部集体成员所有，成员行使占有、使用、收益等权利，集体所有制阻止了“赤贫”阶级的产生，起到了社会保障的作用。尤其是党的十八大以来农村基本经营制度的进一步完善，使得农民收入进一步得到保障。这样的制度安排为农民提供了选择的权利，当城市创业失败或打工收入太低时可以选择返乡务农以维持基本的生活水平，农民可以在城市和农村之间自由流动，这是我国城市没有贫民窟的主要原因。二是城乡二元结构。户籍制度设计之初，是为了将农业剩余控制在国家手中以支持工业发展，因此而形成的城乡二元结构是体制性的二元结构，且是汲取农业生产剩余的二元结构。但是随着工业、服务业飞速发展，城镇化进程不断加快，这种城乡二元结构已变成保护性质的二元结构。

9.1.3.2 城镇中的新贫困人群

新贫困人群

新贫困人群的概念源自“社会性别与贫困”论坛上发布的一项报告——中国的贫困从改革开放初期的农村主导逐渐转向城乡贫困并存的局面，新贫困人群逐渐超过过去所说的无经济收入、无劳动能力、无赡养人的“三无人员”，成为城市贫困人群的主体。

城镇化的飞速发展产生了空前规模的流动人口，流动人口的贫困问题成为扶贫开发工作现阶段面临的巨大挑战。城镇化进程带来了一系列社会经济变化，如农业劳动力向城市转移、农业人口非农化、城镇数量增加规模扩张等，均是形成大规模流动人口的重要因素。在城镇化快速发展的同时，逐渐产生了新贫困群体[①]，主要原因是：

第一，农民工群体未能实现“市民化”。截至2016年底，我国农民工数量已达到2.82亿人，其中外出农民工1.69亿人，约占农民工总数的60%。大量农民工在城市中居住，从事高风险低报酬体力劳动却不能享受相对完善的医疗保障，同时缺乏必要的就业保障以及相对稳定的收入水平，随时可能陷入贫困状态。

第二，留守人口、流动儿童成为新贫困人群。在农村劳动力向外流动的同时，产生了两部分人群：一是留守人群，主要包括留守妇女、留守儿童以及留守老人；二是流动儿童，即随父母外出生活在城市中的农民工子女。根据教育部发布的统计数据，2017年义务教育阶段农村留守儿童为1 550.56万人，随

① 新贫困人群包括：下岗失业人群、工作中的低收入者、双重边缘的贫困者、新市民中的脆弱者、女户主单亲家庭、艾滋病病毒感染者、老龄化中的老年人群体、气候变化灾害影响的新型贫困。

迁子女为1 897.45万人。

第三，城市数量、规模的扩张产生了大量的失地农民。城镇化是社会现代化发展的必经阶段，城市规模扩张、数量增多使大量城镇郊区的绿地、农地转为建设用地，一方面土地征用补偿标准较低，另一方面失地农民缺乏生存技能，存在就业困难的情况，使得失地农民成为城镇化进程中的新贫困人群。

9.1.3.3 新贫困人群的脱贫策略　城乡一体化发展提出了新的制度需求，主要聚焦于户籍制度、教育、医疗、养老等社会保障体系的城乡对接。党的十八大以来，党中央探索了一系列扶贫开发策略，提出了创新性的扶贫开发思想，总结了新形势下的扶贫开发理论，以及时适应形势变化、满足制度需求，包括社会保险扶贫、城乡教育一体化、城乡公共服务一体化等。

社会保险扶贫方面，2017年8月，财政部、国务院扶贫开发领导小组办公室和人力资源社会保障部联合出台《关于切实做好社会保险扶贫工作的意见》，针对农民工、贫困人员、因病致贫者、特大病患者等出台了综合保障措施，概括起来就是：第一，参保缴费大幅降低。贫困人员参加城乡居民基本医疗保险，将给予部分财政补贴，同时农民工将参加工伤保险，且农民合同制工人本人不缴纳失业保险费。第二，贫困人员医疗费用将大幅降低，对贫困人员降低起付线、提高报销比例，因病致贫者提高医保受益水平，对特大病患者提供综合保障。第三，农民工收入得到保障，农民工失业后可申领一次性生活补助，贫困劳动力遇到工伤时工伤保险经办机构可先行支付。

城乡教育一体化方面，扶贫开发工作的重点是教育扶贫，其中城乡教育资源的差异性是教育扶贫工作中的难点。所以，统筹城乡教育一体化发展是扶贫开发工作的重中之重。城乡教育一体化发展的主要矛盾表现在两方面：一是城乡教育资源的失衡；二是流动儿童、留守儿童的基础教育问题。为解决城乡教育资源失衡，应大力推进义务教育均等化发展，即教育资金均等化、师资均等化。党的十八大以来，国家不断加大教育投入，农村地区的教育资金投入水平与全国投入水平的差距被逐渐缩小。首先是推进优质高中配额到校政策，将至少50%的优质高中招生合理分配至区域内初中；其次是促进师资流动，合理配置教师资源，实行公办学校标准化和校长教师交流轮岗，不设重点学校重点班。为解决流动儿童、留守儿童的基础教育问题，应加快发展学龄前教育，促进贫困地区儿童早期发展。

9.1.4 区域发展战略与减贫

9.1.4.1 京津冀协同发展战略

声音

“北京、天津、河北人口加起来有1亿多，土地面积有21.6万平方公里，京津冀地缘相接、人缘相亲，地域一体、文化一脉，历史渊源深厚、交往半径相宜，完全能够相互融合、协同发展。”推进京津冀协同发展，要立足各自比较优势、立足现代产业分工要求、立足区域优势互补原则、立足合作共赢理念，以京津冀城市群建设为载体、以优化区域分工和产业布局为重点、以资源要素空间统筹规划利用为主线、以构建长效体制机制为抓手，从广度和深度上加快发展。

——2014年2月26日，京津冀协同发展座谈会

“环京津贫困带”是指在北京、天津周围呈环形分布的连片贫困区，这一概念是在亚洲开发银行的技术援助项目《河北省发展战略研究》(2004) 中被首次提出。全国14个连片特困区[①]中，燕山—太行山区覆盖了河北、山

---

① 根据《中国农村扶贫开发纲要（2011—2020）》精神，国家在全国共划分11个集中连片特殊困难地区（包括：六盘山区、秦巴山区、武陵山区、乌蒙山区、滇桂黔石漠化区、滇西边境山区、大兴安岭南麓山区、燕山—太行山区、吕梁山区、大别山区、罗霄山区）和西藏、四省藏区、新疆南疆三地州共14个片区680个县。

西和内蒙古三个省、区共33个国家级贫困县，其中河北省的22个贫困县位于京津冀区域内，这22个县的覆盖范围与环京津贫困带的覆盖范围大致相同。

环京津贫困带

地级市	县级市
承德市	承德县、平泉县、隆化县、丰宁满族自治县、围场满族蒙古族自治县
保定市	涞水县、阜平县、唐县、涞源县、望都县、易县、曲阳县、顺平县
张家口市	宣化县、张北县、康保县、沽源县、尚义县、蔚县、阳原县、怀安县、万全县

注：截至2015年，表中部分县已完成贫困县摘帽，还有部分县撤县改区如万全区、宣化区，故环京津贫困带贫困县小于22个。

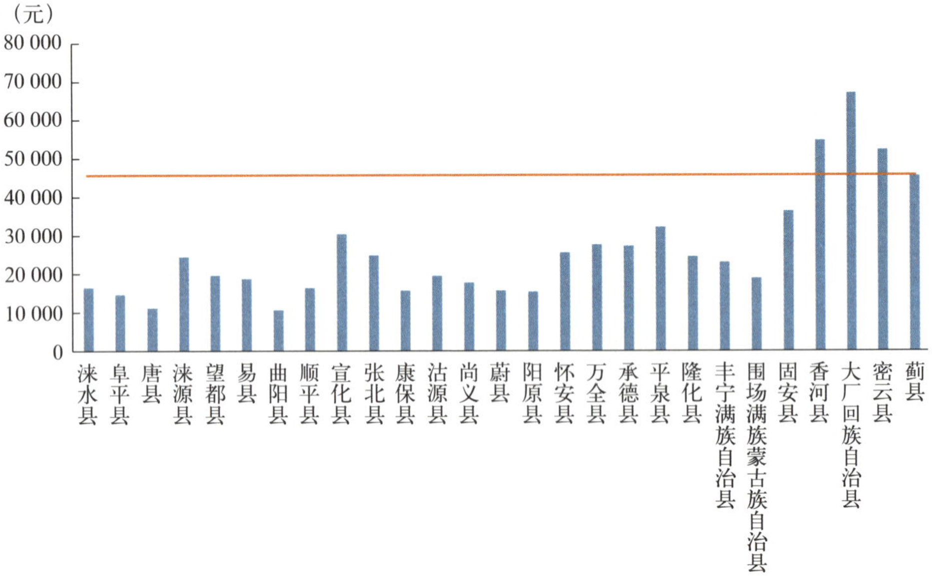

环京津贫困带人均GDP与京津远郊县城[①]人均GDP比较[②]

根据2015年发布的《京津冀协同发展规划纲要》，环京津贫困带大部分属于生态环境支撑区，是北京、天津城市集群的生态屏障和生态涵养区，承

① 图中京津远郊县包括：蓟县、固安县、香河县、大厂回族自治县、密云县（密云县2015年撤县改区，蓟县2016年撤县设立蓟州区，在此之前仍视作京津远郊县）。

② 数据来源：国家统计局，图中横线表示全国人均GDP。

担着重要的京津冀都市圈生态保育功能。在此背景下，环京津冀贫困带的脱贫路径要严格坚持与生态环境保护相结合，以生态文明建设为主，探索出一条“绿水青山变金山银山”的可持续发展扶贫开发之路。发展与生态环保相适应的特色农业产业是切实可行的扶贫措施。环京津贫困带的脱贫措施既要满足生态环保要求、实现生态涵养功能，又要提升农民收入、保障农户生计，发展特色农业产业是切实可行的脱贫措施。例如，河北省大力发展特色农业，建立起无公害蔬菜、马铃薯、小杂粮、油菜、油葵等十余种特色农业产业基地。

9.1.4.2 长江经济带的绿色崛起　长江经济带是指长江流域附近的经济圈，包括以成都、重庆为中心的上游成渝经济区，以武汉为中心的中游城市群，以南京、上海为中心的下游长三角地区，覆盖九个省份（安徽、江西、江苏、浙江、云南、贵州、湖北、湖南、四川）和两个直辖市（重庆、上海），面积约205万平方公里，承载全国42.8%的人口并贡献全国44.7%的国民生产总值，具有独特的优势和巨大的发展潜力。2016年9月《长江经济带发展规划纲要》正式发布，确立了“一轴、两翼、三极、多点”的发展新格局。

但是，长江经济带面临着严峻的贫困问题。据统计，我国592个国家级贫困县中，有258个分布在长江经济带，占全部贫困县总数的43.6%；长江经济带内贫困人口2 037万人，占全国贫困人口4 335万人的47%。长江经济带覆盖秦巴山区、乌蒙山区、四省藏区、武陵山区、大别山区等7个连片特困区，区域内农村贫困人口1 518万人，占全部连片特困区农村贫困人口总数（2 182万人）的70%。习近平总书记对此强调，推动长江经济带发展，理念要先进，坚持生态优先、绿色发展，把生态环境保护摆上优先地位，涉及长江的一切经济活动都要以不破坏生态环境为前提，共抓大保护，不搞大开发。因此，开展长江经济带扶贫工作，要始终坚持绿色发展理念，以农业开发为主，发展现代化农业，实现绿色崛起。

9.2 反贫困的中国经验——经济增长与区域均衡

9.2.1 经济增长与反贫困关系的再平衡

世界各国的发展经验表明，经济增长能够有效降低贫困发生率。经济增长实现减贫主要有两个路径：一是经济增长通过提高人均收入水平，提供就业机会，减少了绝对贫困；二是经济增长为政府提供了税收和财力，政府得以通过再分配手段保障中低收入群体和弱势群体生活水平，通过财政转移支付缩小地区之间收入差距。但是，经济持续增长会引发地区发展不平衡，进而削弱经济增长的减贫作用。

自改革开放以来，我国经济发展取得了辉煌的成就，但进入21世纪之后，经济增长对减贫的作用在逐步递减。资本、劳动力、技术从第一产业向二三产业的转移以及工业部门的迅速膨胀造成了城乡间的区域失衡；资源禀赋等自然地理条件以及国家向沿海地区倾斜的发展策略造成了地区间的发展失衡。非均衡发展产生了贫困现象，种种矛盾都在追求经济效率的过程中凸显，这是发展中国家，尤其是中国这类地区禀赋差异巨大的国家所面临的巨大挑战。

解决区域失衡问题实际上就是解决收入分配不平等带来的贫困问题，减贫不再仅仅是满足于日益增长的人民生产生活需要，而且是解决收入增长中带来的收入差距不断加大的问题。国家就此进行了多方面、多维度的重大战略调整。改革开放以后实施了西部大开发、振兴东北老工业区等战略，1994年建立了纵向的中央转移支付制度、横向的东中部地区对口支援政策，在解决地区发展间的失衡问题上取得了辉煌成绩。再者，早期工农产品“剪刀差”的存在，以农业支持工业，使得城乡差距不断扩大，为解决农村历史欠账问题，改善农民福利，国家相继出台了许多利农、惠农、富农的政策。

9.2.2 战略调整实现区域均衡发展，摆脱贫困

9.2.2.1 转移支付制度促进地区均衡发展与减贫

（1）中央对地方财政的转移支付。由于中央与地方政府之间的纵向不平衡以及地区之间的横向不平衡，国家在1994年分税制改革后确立了中央转移支付制度。分税制改革提高了中央政府在财政上的宏观调控能力，在财政部总统筹下，有目标、有计划地将资金再次回流到地方政府，有利于实现区域间社会经济事业的协调发展，消除区域间的失衡。这是世界上用来缓解、消除区域经济发展差距及减缓贫困最为常用的政策工具。

图说

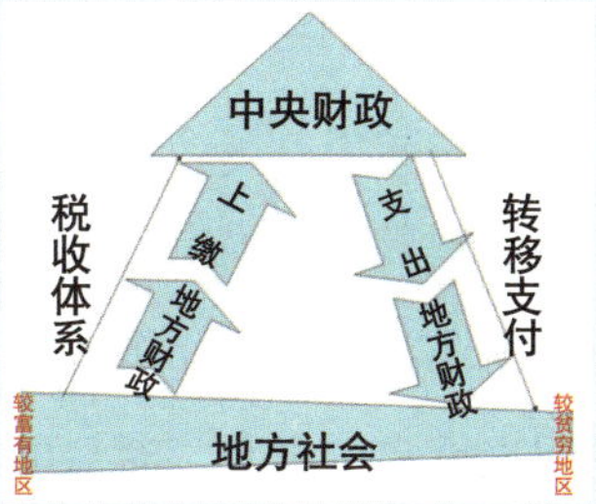

转移支付是指政府或企业无偿地支付给个人以增加其收入和购买力的费用。它是一种收入再分配形式。转移支付包括政府的转移支付和企业的转移支付。政府的转移支付大都带有福利支出性质，如社会保险福利津贴、抚恤金、养老金、失业补助、救济金以及各种补助费等。中国的财政转移支付制度是在1994年分税制的基础上建立起来的，是一套由税收返还、财务性转移支付和专项转移支付三部分构成的、以中央对地方的转移支付为主的且具有中国特色的转移支付制度。

为解决地区收入和支出平衡问题，确保富人和穷人能够享有同等水平的教育、卫生防疫和基础设施等公共资源，国家开始实行财政转移支付制度，通过对地方政府的专项转移支付开展扶贫工作。但专项资金拨款中也有不少扶贫

项目是粗放式的扶贫，效率低下且针对性不强。地方政府在识别贫困户上不精确，普惠政策多而特惠政策少，造成了在一定程度上“富人”先受益、“穷人”被挤出的现象，其本质还是“大水漫灌式”“高射炮打蚊子式”的扶贫。随着中国经济的高速增长，大范围的贫困人口问题已经解决，国家对贫困地区进行区域性扶贫开发的效果开始减弱，此时，精准扶贫的提出是对政策最好的补充。

（2）地区间定点帮扶和政策支持。政府间转移支付是在各级政府间或不同地区的同级政府之间通过财政资金的无偿调拨来调节各预算主体收支水平的一项制度。一般是富裕地区向贫困地区提供财政上的援助。中国政府的转移制度还是单一的、由上自下的转移支付体系，但实际上也存在横向转移支付的雏形：20世纪90年代开始，中国东部中部地区对西部地区进行对口支援，对口支援的实质是发达地区无偿将自己的财力通过资金转移支付、大型企业落户以及对受援地进行基础设施建设。这已经具备横向转移支付特征。比如湖南省对西藏山南地区的对口援助，从1994年开始到2015年，累计驻派305名援藏干部，援藏资金达12亿元，落户309个项目。

但是随着大规模定点支援的深入实践，许多问题也暴露出来：定点支援的法律制度还不够健全，国家多年来的支援仍属于政治动员式帮扶而未在法律上形成明文规定。再者，对口的激励机制也不健全，同级政府间往往存在政策持续性不强的问题，导致支援地和受援地利益与目标不一致。最后，对于支援地对受援地帮扶效果及减贫效果缺乏有效的评估机制。进入21世纪，经济增长对减贫的边际效用开始递减，相对于“漫灌式”的中央财政转移支付和东中部地区对西部地区的对口支援，“滴灌式”的精准扶贫是一种更加规范而长效的转移支付模式。

9.2.2.2 精准扶贫实现全面小康战略目标　精准扶贫是打赢脱贫攻坚战的基本方略，为落实精准扶贫战略，习近平总书记提出“六个精准”要求和“五个一批”工程。“六个精准”是落实精准扶贫的本质要求，是深入精准扶贫方略的核心和关键，即扶持对象精准、项目安排精准、资金使用精准、措施到户精准、因村派人精准、脱贫成效精准[①]。“五个一批”则是实现精准扶贫的具体措施，充分体现了“因地制宜，分类施策”的科学扶贫思想，即发展生产脱贫一批、易地搬迁脱贫一批、生态补偿脱贫一批、发展教育脱贫一批、社会保障兜底一批[②]。

拓展阅读

精准扶贫是打赢脱贫攻坚战的基本方略

2013年11月，习近平总书记在湖南省花垣县排碧乡十八洞村考察时首次做出“实事求是、因地制宜、分类指导、精准扶贫”的重要讲话。2014年3月，习近平总书记参加全国“两会”代表团审议时强调：“要实施精准扶贫，瞄准扶贫对象，进行重点施策”，进一步阐释了精准扶贫理念。2015年1月，习近平总书记在云南考察时再一次指出“要以更加明确的目标、更有力的举措、更加有效的行动，深入实施精准扶贫、精准脱贫，项目安排和资金使用都要提高精确度，扶到点上、根上，让贫困群众真正得到实惠”。

2015年10月，习近平主席在“2015年减贫与发展高层论坛”的主旨演讲指出：“中国在扶贫攻坚工作中采取的重要举措，就是实施精准扶贫方略，找到‘贫根’，对症下药，靶向治疗。”

①②《中共中央　国务院关于打赢脱贫攻坚战的决定》，2015年12月9日。

9.3 反贫困的中国经验——循序渐进与生态保护

9.3.1 生态扶贫：扶贫攻坚新战略

生态贫困是近几年学术界研讨的一个热词，指的是由生态环境恶劣引发的经济发展滞后、农民生活贫困的现象，具有贫困人口地理分布集中，贫困程度深，返贫率高，脱贫难度大等特点。相应的“生态扶贫”主要是指在绿色发展理念下，以实现贫困地区绿色、可持续发展为导向，将生态保护与扶贫开发有机结合，在保护生态中发展经济、在经济发展中保护生态的一种绿色扶贫思想和方式，是精准扶贫思想的有益补充①。

经济学家们将致贫因素概括为物质资本、人力资本、基础设施、科学技术等方面的投资不足，或者是非公平和无效率的制度等。因此，当人们缺乏摆脱物质贫困的其他条件时，他们就会就地取材、利用周边生态环境资源。然而，上述致贫因素也使得他们缺乏对于生态资源的科学认知，既无法合理开采和高效利用各类资源，也不具备建立有效监督机制的主观需求和客观条件。不仅如此，“污染天堂假说”指出，无法建立有效环境监督保护机制的地区最容易聚集污染密集型产业，沦为外来投资者的污染避难所。于是，这些地区出现土壤肥力下降、地质灾害频发、劳动力健康状况恶化、投资吸引力下降等生态环境恶化的现象，生产、生活条件变得更加恶劣。

人们在通过低效率的粗放模式获得廉价生态开发回报后，需要付出相当于甚至是多倍于其货币收入的成本为环境恶化还债，且因生产力受到破坏，原本就不高的生活标准不得不进一步下降，生态贫困（生态资源缺乏基础上的物质

① 杨文静．生态扶贫：绿色发展视域下扶贫开发新思考［J］．华北电力大学学报（社会科学版），2016（4）：12–17．

贫困）由此形成。与初始贫困（生态资源丰富状态下的物质贫困）不同的是，生态贫困会使贫困地区的人们难以逃离生态陷阱，陷入恶性循环，增加脱贫的成本，加大脱贫的难度，这就导致了我国生态环境脆弱地区与贫困地区在空间分布上具有高度一致性。

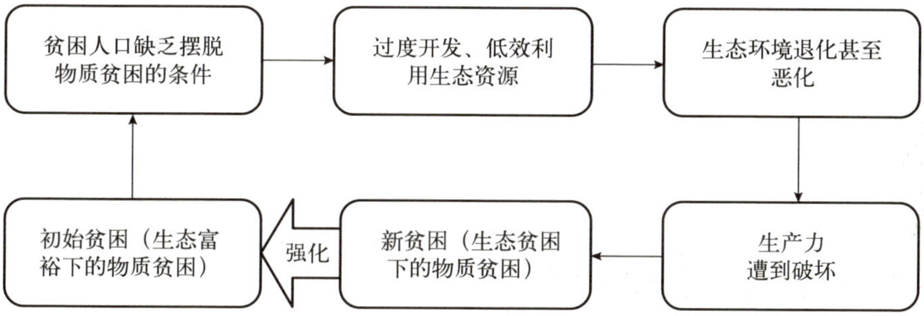

生态贫困陷阱的演进路线

9.3.2 如何落实生态扶贫

推行生态补偿机制。贫困地区面临着生态退化与居民贫困的双重压力。在部分生态富余区，贫困人口为维护生态系统付出一定的代价，失去了发展机会，但却不能得到补偿，这会导致资源诅咒效应的产生，加剧贫困发生率。推行生态补偿机制，对生态资源的动态变化给予足额补偿，不仅是对农户生态保护成本的肯定，也是有效提升农户可持续发展能力的关键[①]。

落实生态移民搬迁。生态移民是以恢复生态、保护环境和发展经济为目的，通过离地搬迁的方式将人口从生态条件特别脆弱地区尤其是重要的生态功能区迁移到生态条件比较富足的地区，是提高生态扶贫精准度的重要途径，也是一项涉及面广、工作量大、政策性强的系统工程[②]。推行生态移民项目，首先要坚持政府主导、移民自愿的原则，通过大力宣传与动员，引导移民自发、

① 沈茂英，杨萍．生态扶贫内涵及其运行模式研究［J］．农村经济，2016（7）：3-8．

② 杨文静．绿色发展理念下生态扶贫的战略构思［J］．上海环境科学，2017（36）：8-12．

自觉、自愿迁移；其次，要制定并完善生态移民配套政策措施，将户籍、教育、医疗、住房、就业等一系列问题考虑周全；最后，加强迁入地的基础设施建设，确保其功能完善，从而激发群众脱贫的主观能动性，真正实现“搬得出，稳得住，富得起”。

培育干部群众生态文明意识。一个地区的生态建设成果与该地区干部群众的生态意呈现正相关关系。越是在生态建设良好的地区，生产条件越能得到有效保障，群众越有可能脱贫。培育生态文明意识，首先要发挥典型案例示范带动作用，目前生态贫困地区已产生了不少生态建设脱贫致富的模式和典型，要向贫困群众充分宣传这些典型案例，通过了解现实案例使他们能更直观地看到脱贫效果。其次，要为困难群众算好账，贫困人口接受新东西普遍较慢，因为风险较大，一旦出现意外生活就难以为继。要勤向农牧民算账，真正算出效益，算出脱贫实效[①]。

① 陈南岳．我国农村生态贫困研究[J]．中国人口·资源与环境，2003（4）：45-48．

9.4 反贫困的中国经验——文化教育与兜底机制

9.4.1 教育扶贫是精准扶贫的治本之策

教育扶贫指的是国家通过对贫困人口进行教育资助，以此来提升贫困地区的教育质量，通过投入教育资金以增加贫困人口获取良好科学知识的机会，学习摆脱贫困的劳动技能，并在贫困地区的人口素质不断提升的过程中，推动贫困地区的经济、社会、文化的快速发展，最终实现脱贫致富的目的。教育扶贫力求转变过去只重视资金帮扶的传统扶贫方式，转而更加重视思想层面。“扶贫必扶智，治贫先治愚”，引导贫困群众克服“等、靠、要”思想，逐步消除精神贫困，提高贫困地区人口素质。扶贫是一项系统工程，需要全社会共同努力，应完善人才建设和扶贫事业结合机制，继续实施“三区”（边远贫困地区、边疆民族地区和革命老区）人才支持计划，深入推进大学生村官工作，因地制宜实施“三支一扶”、高校毕业生基层成长等计划，开展乡村振兴“巾帼行动”、青春建功行动，将教育扶贫、人才建设纳入到精准扶贫的战略范畴中意义重大。

首先，教育扶贫是“造血式”扶贫的基础。我国目前扶贫开发工作的理念就是“造血式”扶贫，力图帮助贫困地区的贫困人口充分了解市场环境，能够充分利用所学知识参与到市场中。一方面需要政府营造一个良好的市场环境和健全的社会秩序，为贫困人口进入市场提供便利条件；另一方面是贫困人口要有进入市场的主观能动性，可以通过教育使得贫困人口改变其眼界、意愿、方法、能力等内在因素，增强其主观意识。

其次，教育扶贫能够提供人力资本、提升就业能力。很多贫困地区拥有丰富的自然资源，但由于缺少善于开发、利用和管理的人才，导致资源没有实现

“物尽其用”。教育扶贫就是改变以往单纯通过资金帮扶摆脱贫困的这一传统方式，转而通过教育提升贫困人口素质，提高人才质量，培育善于运用贫困地区资源要素的人力资源，从根本上摆脱贫困。

最后，教育扶贫是改变贫困地区现状最有力的措施。优质的教育可以带来科技的进步和创新，促进人力资本投资的提质和增效，从而推动区域经济发展，最终实现脱贫致富。扶贫的核心就是提升人的综合素质，归根结底也就是加强对贫困地区人口的教育，要用长远的眼光看待教育科技，通过教育扶贫阻断贫困的代际传递。

我国的教育扶贫体现在各个领域，采取的措施也是多种多样。

第一，面向农村地区，实施三大专项招生计划。三大专项招生计划指的是农村贫困地区定向招生专项计划、农村学生单独招生和地方重点高校招收农村学生专项计划，也就是我们常说的国家专项计划、高校专项计划和地方专项计划。三大专项招生是教育扶贫的一种创新方式和新的尝试，虽然现阶段仍然存在一些问题，但它能够为农村贫困学生提供更多的获得高等教育的机会。

第二，发展贫困地区的职业教育。很多贫困地区自身是有特色资源的，只是没有加以开发利用，这主要是由于当地的贫困人口思路不开阔，尤其是缺乏乡村旅游、绿色食品和生态农业这方面的认识，所以教育扶贫主要是围绕绿色优势产业来提高贫困地区人口的综合素质和就业能力，学习深度开发和应用的技术，尤其是要重点培养贫困地区的专业技术人员，培养高素质农民，从而促进贫困地区的经济发展，实现贫困人口的脱贫致富。

第三，高校承担部分教育扶贫的重任。不同层次和类型的高校根据自身的能力和教学质量承担不同的教育扶贫责任，各院校由于自身的资源各不相同，所以承担的教育扶贫任务也有所差别。同时，我国高校又分为综合类、文史类、理工类、师范类、语言类、医药类等，不同类型的高校所承担的教育扶贫责任也有所不同。部分东部地区的高校和科研院所承担着支援西部地区的职责，采用特聘教授制度提升教学和科研水平，同时配以适当的人才流动机制等。

9.4.2 充分发挥社会保障的兜底作用

社会保障兜底中的“兜底”一词是指从我国的实际情况出发的，能够满足和保障广大贫困人口基本需求的并且为全社会公认的一条底线，这个底线包括了对温饱、基础教育、大病医疗、公共教育和基本住房的需求，对于还处在这一底线下的人群，政府给予他们政策保障和财物补贴①，以保证社会的基本公平。社会保障兜底的具体措施中，城乡低保制度和农村五保供养制度作为最后一道防线，保障了城乡居民基本的生存权利。农村低保和扶贫开发是我国农村减贫治理的两个最重要的工作，为了真正实现“应扶尽扶、应保尽保”，需坚持农村低保制度和扶贫开发政策的有效衔接，具体途径主要围绕三大方面开展。

第一，加强政策衔接。政策衔接就是要在低保兜底和扶贫开发两项政策分工协作的同时，明确各自的职责。对于符合低保条件的贫困人口，民政部门对其给予补助，做到应保尽保；对于符合扶贫开发条件的贫困人口，扶贫部门也要及时给予政策支持，针对不同的致贫原因进行精准帮扶，做到应扶尽扶；对于那些返贫的家庭，在经过相关审核确认后，将符合条件的低保户纳入到特困人员救助供养、医疗救助或临时救助的范围内，以此确保他们的基本生活得以继续。

第二，加强对象衔接，精准识别认定低保对象。对于农村低保对象的精准识别，还需要在原有的基础上进一步完善农村低保制度，改变原有的依据“熟人社会”而开展的参与式评估方法，转而探索建立家庭贫困状况测算指标体系，将家庭收入、家庭资产和家庭刚性支出等因素作为主要指标，以此来综合评估家庭的贫困状况。在此之后将评估的结果通过入户实地调查、访问邻

① 邓大松，薛惠元．社会保障如何补短板、兜底线[J]．中国社会保障，2013（10）：37-38．

居、民主评议等方法与家庭经济状况的信息进行一一核对，精准认定农村低保对象。

第三，基于“大数据”背景建立信息分享制度。为贫困地区的贫困家庭和个人建立信息数据库，在此基础上，相关部门可以进行信息交流沟通与共享，既能提高效率，还可以节约成本，强化扶贫的力度。除此之外，还需要建立农村低保和扶贫开发数据互通、资源共享的信息平台，通过这一信息平台可以真正实现信息系统的互联互通，相关的数据及时更新，实现动态实时监测。